똑똑한 부자들만 알고 있는 돈의 법칙

부자로 가는
경제학

똑똑한 부자들만 알고 있는 돈의 법칙

부자로 가는
경제학

러셀 E. 홀콤 지음 | 정지현 옮김

북스토리

Contents

서문 _ 9
책을 시작하며 _ 14

부자 경제학 1 · 긍정적인 선동력이 있어야 큰 것을 성취한다 _ 24
선동력이 되어준 숫자 333

부자 경제학 2 · 잠재적 위험을 염두에 두어라 _ 46
올바른 재무설계의 중요성

부자 경제학 3 · 잃을 것이 많을수록 덜 공격적이어야 한다 _ 64
위험의 본질

부자 경제학 4 · 맥락이 바뀌면 관점도 바뀐다는 사실을 놓치지 마라 _ 84
감정을 이용하는 금융 팩토리

부자 경제학 5 · 수익률이라는 마약에 손대지 마라 _ 113
금융계의 마약 판매상과 달 위의 집

부자 경제학 6 · 간단한 넛지를 언제나 기억하라 _ 135
잡초는 비료가 필요 없다

부자 경제학 7 · 나만의 행복 지도를 만들어라 _ 166
행복

부자 경제학 8 · 자립 포인트의 개념과 목적을 이해하라 _ 170
자립 포인트

부자 경제학 9 · 부의 근육을 강하게 키워라 _ 194
천하무적 부

책을 마치며 _ 207
에필로그 · 블로그, 생각, 이야기 _ 213
감사의 말 _ 228

독자들에게 일러두는 말

이 책에는 내가 직접 겪은 이야기가 담겨 있다. 월스트리트는 이야기를 이용해 특정한 감정과 행동을 활용한다. 이 책에서도 당신이 자신의 이익을 위해서 느끼고 행동할 수 있도록 이야기를 구성했다. 책장을 넘기기 전에 주의할 것! 이 책을 읽고 난 후에는 돈과 자산 관리 매니저를 보는 당신의 관점은 영영 달라질 것이다.

나는 지금 미국 남동부 금융 시장의 중심인 애틀랜타 리츠 칼튼 호텔 로비에 앉아 있다. 치열한 부의 전쟁에 뛰어든 이들이 일하는 사무실의 95퍼센트가 반경 1.6킬로미터 이내에 위치한다. 이들의 하루는 매일 아침 7시경부터 시작된다. 주식 중개인과 재무상담사들이 또 다른 투자자를 끌어들이기 위해 준비하는 시간이다. 그들은 발걸음도 당당하게 반짝반짝 빛나는 뾰족한 빌딩으로 들어간다. 게임 시작이다.

내가 앉은 자리에서 화사한 토미 바하마 셔츠에 린넨 바지를 입은 나이 지긋한 신사가 눈에 들어온다. 세련되어 보이는 세 명의 재무상담사들이 그를 둘러싸고 있다. 그들이 돈 많은 신사에게 알록달록한 브로슈어를 읽어보라고 건넨다. 신사는 화려하게 꾸며진 차트와 숫자, 미래 예측표를 살펴본다. 잠시 멍하던 표정이 이내 환하게 바뀐다. 눈앞의 자료를 이해하지는 못하지만 상당히 만족스러운 모양이다. 잠재 수익은 가장 강력한 최음제가 분명하다.

멀리 있는 내가 보기에도 저 브로슈어는 그들에게 투자를 맡겨도 된다는 확신을 주고 있다. 재무상담사들은 신사가 넘어가지 않을 수 없게끔 설명한다. 나는 목청껏 소리치고 싶다.

"아직 기회가 있을 때 도망치세요!"

알다시피 길가에 떨어진 20달러짜리 지폐를 주워도 전혀 문제될 게 없다. 재무상담사들에게 저 부자 신사는 길가에 떨어진 20달러짜리 지폐나 마찬가지다.

이따금씩 신문을 보면 금융업계의 교묘한 속임수가 나와 있다. 이 책을 쓰기로 결심한 것도 어느 날 아침 그런 기사를 읽던 도중이었다. 그런데 이 책을 쓰는 과정은 매우 오래 걸렸다. 미국발 금융 위기가 터지기 전부터 시작되었으니까. 월스트리트의 기만은 나에게 미스터리한 일이 아니었다. 월스트리트가 수수료를 챙기기 위해 신상품을 계속 내놓는다는 것은 충분히 예측할 수 있었다. 경매방식채권Auction-Rate Securities, 헤지펀드, 지수연동형연금 Indexed Annuities, 상장지수펀드Exchange-Traded Fund 같은 상품은 수수료를 발생시키는 한편 투자가 몹시 쉬워 보이도록 만들어졌다. 이런 상품들이 약속을 지키지 못한다는 사실은 전혀 놀랍지 않다. 하지만 똑똑한 고객들이 왜 계속 파국의 길을 고수하는지는 도무지 알 수 없었다.

부자가 될 만큼 똑똑한 사람들이 왜 해로운 조언으로부터 자신을 지키지 못하고 속수무책으로 당하는지 도저히 이해할 수 없었다. 그 이유를 알려면 금융에 관한 지식만으로는 안 되었다. 그래서 심리학에서 인간행동, 직관, 세일즈, 브랜딩, 마케팅에 이르기까지 닥치는 대로 책을 읽었다. 인간이 생각하는 방식을 알고 싶었다. 머지않아 금융 팩토리가 얼마나 간단하게 똑똑한 부자들을 세뇌시킬 수 있는지 확실히 알 수 있었다. 착시 현상에서 중요한 통찰을 얻을 수 있다. 아래 그림에서 둘 중 어떤 선이 더 길까?

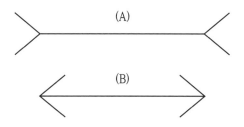

밀러-리어Muller-Lyer의 도형이 일으키는 착시 현상은 IQ나 교육 수준, 직업에 상관 없이 누구나 깜빡 속아 넘어간다. 두 선의 길이는 정확히 똑같다.

금융 팩토리도 인간의 실수에 일관성이 있다는 사실을 이용한다. 인간이 논리적인 패턴과 확실함을 욕망하고 긍정적으로 미래를 바라보는 경향을 타고났음을 잘 알기 때문이다.

인간은 끊임없이 무언가를 찾으려고 하는 존재다. 우리는 삶의 임의성에 관한 문제를 해결했다고 주장하는 이들을 찾으려고 한다. 답을 찾느라 혈안이 되어 점쟁이들은 절대로 복권 당첨 번호를 맞추지 못한다는 사실을 까맣게 잊어버린다. 사람들이 가진 돈에 엄청나게 관심이 많은 금융 팩토리는 이러한 인간의 '탐색 심리'를 자극한다. 그들이 원하고 믿는 것을 주는 것이다. 당신의 의식은 팩토리에 이용당하지 않을 수 있는 가장 효과적인 도구다. 물론 높은 의식이 모든 문제를 해결해주지는 못하지만 적어도 눈앞에 닥친 문제를 보는 망원경이 되어준다.

이 책을 읽고 나면 당신의 자산을 바라보는 시각이 완전히 달라질 것이다.

"모든 인간의 삶은 쓰려던 이야기와 다른 이야기를 적게 되는 일기장과 같다. 그 일기장의 두께와 원래 계획했던 두께를 비교하는 때야말로 가장 겸손한 시간이다."

- 제임스 M. 베리(James M. Barrie, 1860~1937, 『피터팬』을 쓴 영국의 작가)

언더 독의 편을
들어라

뉴욕시 마라톤 대회에
출전했는데 올해에는 중요한 변화가 생겼음을 알게 되었다고 상
상해보자. 올해부터 결승선이 없다는 것이다. 결승선이 없다면
어떤 식으로 경주에 대비한 훈련을 해야 할까? 훈련 자체를 할 수
없다. 이 경주에서 승리한 것을 어떻게 알 수 있는가? 알 수 없다.
이렇게 상상해보면 더 쉽게 이해할 수 있다.

좋아하는 스포츠 경기에서 두 팀이 끝없이 경기를 펼친다면 당
신은 얼마나 오랫동안 그 경기를 관전할 수 있을까? 승자도 패자

도 없는 경기다. 정말로 어처구니없는 일 아닌가? 하지만 그 상황은 기존의 재무설계 모델과 정확하게 일치한다. 끝없이 경주만 하고 절대로 이기지 못하는 것. 당신은 경기에서 이겼으니 투자를 그만해도 된다고 말해준 재무설계사가 있었는가?

이 책은 내가 지난 18년 동안 스스로 무너지는 부자들을 보면서 고군분투한 이야기다. 그들은 아무런 효과도 없는 금융 철학에 매달렸다. '보호와 봉사'는 법 집행관들 뿐만 아니라 재무상담사들을 상징하는 신조가 되어야 한다. 그런데 안타깝게도 이 분야에는 그 철학을 실천하는 이들이 소수에 불과하다.

다수의 재무상담사들은 부자들에게 매우 해로운 믿음을 퍼뜨린다. 바로 "지금 가진 돈으로는 충분하지 않다"는 믿음이다. 처음에는 듣기 좋지만 곰곰이 생각해보면 그렇지 않다. 우리의 인생

책을 시작하며

은 짧으며 예측 불가능하다. 특히 부자들은 자산과 라이프스타일을 지키려면 사고방식을 바꿔야만 한다. 하지만 현재의 재무설계 시스템은 그것을 전혀 고려하지 않는다.

똑같은 연결고리

누구나 언더독(underdog, 투기견 경기에 진 개를 일컫는 말로 패배가 예상되는 존재를 가리킴-역주)의 이야기를 좋아한다. 도저히 이길 가능성이 없어 보이는 쪽이 승리하는 이야기는 모든 사람들에게 희망의 메시지를 준다. 작은 체구로 챔피언에게 도전하는 선수를 보면 강한 공감을 느낀다. 언더독은 승리를 쟁취하기 위해 모든 역경에 맞서 싸우는데, 단 한 번이라도 승리의 기분을 맛보고 싶어한다. 우리는 누구나 열정과 꿈을 간직하고 싶어하므로 그런 언더독의 모습에 열광하는 것이다. 그래서 아무리 성공한 사람이라도 마음속에는 언더독이 있다. 그 언더독은 바로 비관이나 절망이 닿을 수 없도록 당신이 마음속에 꼭꼭 숨겨놓은 꿈이다.

당신만큼 자신의 꿈을 믿는 사람은 없다. 당신의 열정이 더욱 뜨거워지도록 진심으로 격려해주는 사람도 없다. 예의상 들어주기는 하겠지만 현실로 이루어질 수 있다고 믿어주는 이들은 소수에 불과하다. 그들은 오래전에 자신의 꿈을 묻어버렸기에 당신도 그래야만 한다고 생각하기 때문이다. 다른 사람들과 똑같은 줄에서서 정해진 각본대로 따라가면 힘이 나고 의욕이 커지는 법이다. 하지만 당신은 그게 전부가 아님을 안다. 몸과 마음으로 느끼고 감지한다.

공동의 적

이 책에서 '금융 팩토리'라고 부르는 오늘날의 금융 시스템은 당신이 꿈을 찾아가는 데 가장 큰 방해물이다. 금융 팩토리는 당신의 목표를 희생시켜 자기의 목표를 밀어붙인다. 이제 더 이상 그렇게 되도록 내버려 두면 안 된다.

당신의 마음속에 자리한 언더독의 편을 들어라. 당신의 열정을 응원하라. 하지만 기억해야 할 것이 있다. 금융 팩토리에 순응하지 않고 스스로 원하는 삶을 만들려면 단호한 자세가 필요하다. 결코 쉽지 않겠지만.

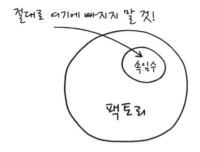

당신도 잘 알겠지만 부를 만드는 일도, 또 지키는 일도 쉽지 않다. 미국 전역에만 해도 거대 금융 기관의 개인 자산 매니저들이 수없이 많다. 대부분은 마케팅이 아주 잘되어 있다. 번지르르한 광고에 반짝반짝 빛나는 브로슈어까지. 이것은 공포와 탐욕이라는 양극단의 감정을 전략적으로 자극하려는 목적으로 만들어진다. 당신은 개인 자산 관리에 관해 조언해주는 이들이 뛰어난 통찰을 가졌으며, 당신에게 올바른 선택을 권하리라고 착각하기 쉽다. 그러나 현실적으로 그들은 단지 세련된 옷차림에 뛰어난 언변술을 갖춘 세일즈맨일 뿐이다. 고객들에게 최선의 선택일 수도 있고 아닐 수도 있는 금융 상품을 권하는 세일즈맨이다. 그들의 상품은 평범한 것에서 색다른 것까지 다양한데 공통점이 하나 있다. 당신을 계속 투자하게 만든다는 것.

가장 최근 상품이 실패하면 갑자기 또 다른 상품이 만들어진다. 그 상품에는 귀를 솔깃하게 만드는 이야기가 함께 따라오며 수익 창출의 가능성을 강조한다.

솔직히 말해서 개인 자산 관리팀은 정교한 보일러실과 같다. 주식 중개인들이 속기 쉬운 고객들에게 무가치한 주식을 강요하는 장소다. 그러나 5만 달러짜리 회의 테이블에 앉아 5천 달러짜리 양복을 입은 '전문가'들의 말을 듣고 있노라면 그 사실을 알아차리기가 쉽지 않다. 조언의 내용도 중요하지만 조언이 이루어지는 장소도 중요하다. 역설적이게도 해로운 조언은 가장 순수한 모습을 하고 있는 법이다.

전통적인 재무설계 모델

전통적인 재무설계 모델이 깨졌다는 말은, 과거의 어느 시점에서는 그것이 효과적으로 운용되었음을 뜻한다. 아마도 그랬을 것이다. 그러나 오늘날에는 적합하지 않으며 시대에 뒤떨어졌다. '인사를 나누기 위한' 명목으로 자리를 마련해서 기분 좋은 순간을 선사하는 이유는 딱 하나뿐이다. 당신이 투자 상품을 사게 하려는 것.

애초에 발을 들여놓지도 말았어야 할 시장에서 엄청난 손해를 본 고객들을 자주 본다. 그곳에서 고객들에게 부의 목적이 무엇인지, 돈 이외에 인생에서 가장 큰 의미가 무엇인지 물어보는 사람은 거의 없다. 기존의 '천편일률적인' 재무설계는 당신에게 부자가 되려는 야망을 불태우라고 강요한다.

시장의 변동성은 알람시계와 비슷하다. 우리를 깨우고 기존의 투자 조언에 따르는 문제점을 비추어준다. 다수의 재무상담사들은 자기들이 정말로 당신을 위한다고 생각한다. 대부분이 진심이다. 그러나 안타깝게도 그들은 진심으로 틀렸다. 특히 부자들은 기존의 재무설계에 따르면 잃을 것이 많다. 지키고 봉사할 목적으로 만들어지지 않았기 때문이다. 오직 당신을 계속 경주에 참여시키기 위해 만들어진 것이다.

그래도 다행인 것은 이 책이 소개하는 혁신적인 재무설계 모델이 티핑 포인트를 찾았다는 사실이다. 말콤 글래드웰Malcolm Gladwell에 따르면 티핑 포인트는 "어떤 아이디어나 경향, 사회 행동이 시작점과 정점을 가로질러 들불처럼 번지는 바로 그 마법의 순간"을 말한다. 고객들은 예전에도 시장 침체를 견뎌왔으며, 예전에도 달러는 폭락했으며, 기업의 악행은 언제나 존재했기 때문이다. 하지만 이번에는 무언가가 바뀌었다.

대기업은 사람들을 '고객'이라는 이름의 포괄적인 모델로 몰아 붙인다. 재무상담사들은 자신들이 만들어낼 결과는 전혀 생각하지 않은 채 개인 자산 관리라는 기만적인 명칭 아래 고객들을 마치 소 떼처럼 하나로 모은다. 그리고 소프트웨어 프로그램과 수학자들로 하여금 현실과 감정을 대신하도록 만든다. 그들은 삶에 대해서는 완전히 잊어버렸다. 삶이 융통성 없는 계획에 어떤 영향을 끼치는지 잊었다. 인간은 주가가 30퍼센트 하락해도 아무런 고통도 느끼지 못하는 컴퓨터가 아니다. 컴퓨터는 손실을 메우기 위해 10년이 걸린대도, 아니 영원히 메우지 못한다고 해도 전혀 고통받지 않는다.

나는 운 좋게도 진정한 의미의 부를 이해하는 사람들을 만날 수 있었다. 부가 단지 화려한 요트나 별장, 그 밖에 의미가 퇴색되기 마련인 유형의 소유물이 아니라는 사실을 아는 사람들이다. 진정한 부는 자유 시간이다. 그리고 꿈을 이룰 수 있게 해주는 수단이자 사랑하는 사람들을 최선으로 보살필 수 있다는 믿음이다. 이두 가지 앞에서 다른 것들은 의미가 무색할 뿐이다.

놓쳐버린 기회, 질병, 진단 등 한 번의 나쁜 사건이 모든 것을 바꿔버릴 수 있다. 1987년의 시장 붕괴, 1999년의 기술주 거품 붕괴, 2008년의 금융 위기는 엄청난 사건이었지만 부자들은 재앙을 피할 수도 있었다. 현금 흐름을 위해 꼭 자산을 대량으로 유동화하지 않아도 되었다. 그렇게 한 부자들에게는 통찰력 있는 반대의 목소리가 필요했다. 이 책이 말해주듯 당신의 결승점은 '자립 포인트Point Independence'다.

자립 포인트의 가장 좋은 점은 바로 그것이 당신의 것이라는 점이다. 자립 포인트는 사람에 따라 다르다. 1,000만 달러의 총자산과 X만큼의 분기별 소득일 수도 있고, 그보다 훨씬 적거나 많은 금액일 수도 있다. 어쨌든 중요한 사실은 목표가 없으면 영원히 뛰어야 하고 절대로 이기지 못한다는 점이다.

이 책은 과거의 부자들이 부를 축적할 수 있었던 방식을 되풀이해서는 안 되는 중산층 부자(순자산 2백만 달러에서 2천만 달러를 보유한 개인이나 가정을 가리킴)들을 위한 책이다.

당신에게 실수는 큰 타격이 된다. 기업 임원과 기업가들, 이혼녀들, 미망인들, 투자 신탁에 가입된 미성년자들이 이 책의 대상 독자이지만 부를 축적하려는 누구라도 이 책의 내용을 활용할 수 있다. 부의 원천은 다르지만 리스크는 똑같다. 돈이 있는 사람은 다르게 생각해야 한다. 당신이 이 책에서 지혜와 확신을 찾고 보다 나은 결정을 할 수 있기를 바란다. 해로운 조언을 피하고 정말로 중요한 것에 초점을 맞추면 당신과 가족, 미래를 위한 보다 나은 선택을 할 수 있기를 바란다. 이제 결승점도 없는 경주는 그만두어라. 승리로 경주를 끝내도 괜찮으니까.

책을 시작하며

선동력이
되어준 숫자
333

그의 머리카락은 부유함이 배어나는 은빛이다. 걸음걸이에서는 자신감과 연약함이 동시에 묻어난다. 연약함은 청소년 시절부터 계속된 것이다. 데이비드는 어린 시절 별다른 재주가 없었고 미국 뉴저지 주 엘리자베스의 공동주택에서 자란 탓에 자존감이 높지 못했다. 게다가 연약한 체구보다 눈에 확 띄는 것은 절뚝거리는 걸음걸이였다. 매일 아침 버스를 기다리다보면 "허수아비 납신다!"라는 놀림이 들려오기 일쑤였다. 가난과 범죄, 괴롭힘은 누구에게나 혹독한 환경일 수

밖에 없다. '자수성가한' 부자가 된 오늘날까지도 데이비드는 어린 시절 이야기를 꺼려 한다. 단 한 가지 일화만 **빼놓고**.

1957년 1월 초였다. 데이비드는 공동주택에 사는 다른 아이들과 마찬가지로 등교 준비를 하고 있었다. 사흘 내내 눈이 내렸고, 사흘 동안 더 이어질 것이라는 예보가 들렸다. 홀어머니 슬하의 외동아들 데이비드는 어머니에게 많은 사랑을 받았지만 그렇게 추운 날은 사랑만으로는 부족했다. 따뜻한 옷이 필요했다. 어머니 미리엄은 추운 겨울이 오기 전에 동네 구세군에서 아들이 입을 만한 따뜻한 옷을 가져오곤 했는데 유독 그해에는 물량이 부족했다.

많은 가정이 힘든 시간을 보냈다. 전쟁 이후 서서히 경제가 살아나고 있었지만 데이비드네를 비롯한 많은 가정에서는 모든 것이 부족했다. 따뜻한 옷이란 옷은 일찌감치 동이 나버렸다. 데이비드는 외투를 사달라는 말로 어머니를 마음 아프게 하고 싶지 않았다. 어머니는 아들을 위해서라면 뭐든지 해주고 싶었지만 그럴 돈이 없었다. 그해에는 배를 곯지 않고 따뜻한 옷도 입기에는 역부족이었다. 둘 중 하나만 선택해야 했다.

어린 시절의 가난은 데이비드에게 지워지지 않는 기억을 남겼다. 333이라는 숫자도 마찬가지였다. 그 숫자는 태어난 순간부터 그의 뇌리에 새겨진 듯했다. 어머니는 신성한 주문이라도 되는 듯 늘 집안에서 '333'이라는 숫자를 되뇌었다. 333이라는 숫자는 모든 질문에 대한 기본적인 답이었다. 그것은 다름 아닌 데이비드와 어머니에게 한 달 동안 필요한 최소한의 생활비였다. 333은 데이비드네 가족의 현금 흐름이자 생명선이었다. 아무리 꼭 필요한 것이라도 333달러 내에서 해결되지 않으면 그냥 없는 채로 지내야만 했다.

그해 1월의 눈 내리는 아침, 데이비드는 초겨울에나 입을 법한 스웨터 한 장만 달랑 입고 스쿨버스 정류장에 서 있었다. 그렇게 추운 날에는 어울리지 않는 옷차림이었지만 불평 없이 받아들이는 법을 배웠다. 신발에는 청소부로 일하는 어머니가 주워온 신문지 뭉치를 쑤셔 넣었다. 아이들이 하나씩 모여들더니 한 아이가 곤란한 질문을 던졌다.

"너희 엄마는 외투 사줄 돈도 없냐?"

데이비드는 잠시 뭐라고 대답할지 생각했다. 가난한 아이들 사이에도 또래 압력은 존재했다. 그리고 따뜻한 겨울 외투는 가난한 집 아이들이 진심으로 자랑스러워할 만한 것이 분명했다.

"아니, 우리 엄마도 돈 있어. 나는 사촌하고 외투를 나눠 입는데 오늘은 사촌이 입을 차례거든. 내일은 내가 입을 거야."

부자로 가는 경제학

사실이 아니라 희망사항이 담긴 대답이었다.

남은 겨울 내내 데이비드는 가난한 아이들이 놀릴 때마다 이런 저런 핑계거리를 대야만 했다. 1957년 겨울은 너무도 혹독했다. 물론 전에도 힘든 시기는 있었지만 그해는 조금 달랐다. 아마도 열두 살이 된 데이비드가 가족의 절박한 상황을 의식하기 시작해서였는지도 모른다. 데이비드는 왜 자신이 가난한 삶을 살아야 하는지 의아했다. 밤마다 여기저기 물이 새는 천정을 올려다보며 자신이 어른이 되면 333이 어떤 숫자로 바뀔지 생각했다. 444, 555? 아니면 777? 나중에 어른이 되어 가정을 꾸렸을 때 그의 가족이 살아가려면 돈이 얼마나 필요할까?

이렇게 사소하지만 놀라운 방법으로 데이비드는 예측 가능한 현금 흐름의 중요성을 이해하기 시작했다. 숫자가 아무리 크든 작든 한 달 동안 살아남으려면 특정한 금액의 돈이 필요하다는 것을 말이다. 그의 어머니는 절대로 신용거래를 하지 않았다. 아들에게도 엄격하게 교육시켰다. "빚은 도둑이고 강도나 똑같아. 고생해서 번 돈을 전부 훔쳐가 버리거든." 데이비드는 어머니의 가르침을 항상 기억했다.

현재 데이비드는 은퇴한 사업가이지만 그해 겨울을 마치 어제 일처럼 떠올린다. 당시 느꼈던 모든 감정이 생생하기만 하다. 부자가 된 지금까지도 따뜻한 겨울 외투를 가지지 못한 소년이 느꼈던 창피함은 지워지지 않았다. 스키어들이 묵는 산장을 테마로 꾸민 그의 사무실에 들어서면 왠지 거대한 엘크나 사슴 머리가 벽에 걸려 있을 것만 같은 분위기다. 하지만 실제로 그런 것은 없다. 대신 그의 책상에는 333이라는 숫자가 정교하게 새겨진 나무판이 놓여 있다. 언제나 그가 더 많은 것을 할 수 있도록 부추겨주는 숫자다.

333이라는 숫자는 데이비드가 학교를 다니고 제조업체를 설립하고 결국 부자가 될 수 있도록 해주었다. 또한 사업을 하면서 절대로 신용거래를 하지 않도록 해주었다. 다른 업체들이 너도나도 사업을 확장하느라 바쁠 때 그는 더욱 꼼꼼하게 계산했다. 다들 필요 이상으로 많은 직원을 고용할 때 최소한의 직원들과 효율적으로 꾸려갔다. 동료들이 빚을 내어 호화스러운 부동산에 투자할 때 그는 빚 없이 현금으로 집을 마련했다. 어린 시절의 기억은 그가 돈에 관해서 보다 나은 결정을 내릴 수 있도록 해주었다.

역사적으로 '선동력'은 주로 문제를 일으키는 힘을 가리켰다. 하지만 현실에서는 다르다. 현재에 만족하지 않고 미지의 영역까지 올라가도록 당신을 밀어붙이는 사건이나 환경 또는 숫자를 가리킨다. 긍정적인 선동력이 있어야만 큰 것을 성취할 수 있다.

격려도 선동력이고 좌절도 마찬가지다. 신앙이 있는 사람이라면 종교적 믿음이 끝까지 포기하지 않도록 밀어준다. 기진맥진한 운동선수가 더 이상 점수를 잃지 않도록 선동해주는 힘은 경쟁심이다. 이처럼 모든 선동력은 당신이 더 많은 일을 하고, 더 깊이까지 들어가고, 더 일찍 일어나거나 늦게 잘 수 있도록 해준다. 한마디로 당신이 더 잘할 수 있도록 부추긴다.

이제 63세가 된 데이비드는 그동안 꽤 많은 재산을 모았다. 하지만 여전히 검소하게 생활하고 있으며, 그간의 심각한 경제 침체도 이겨냈다. 어린 시절에도 힘든 시간을 전부 이겨내지 않았던가. 다른 회사들이 인원 삭감에 나섰을 때 그는 도리어 신규 직원을 채용했다. 주택 시장 붕괴로 대출금을 갚지 못해 압류된 집들이 도처에 널렸을 때는 싼값에 사들였다. 숫자 333은 데이비드가 가진 것 하나 없던 어린 시절부터 돈의 취약성을 인지하고 분명한 판단을 내릴 수 있도록 해준 선동력이었다. 그 덕분에 포기하지 않고 결국 부자가 될 수 있었다.

경험은 최고의 재무설계사

행동은 좋든 나쁘든 과거의 경험에 큰 영향을 받는다. 나는 여러모로 데이비드의 이야기에 공감한다. 나는 고등학교가 무척 싫었다. 잘못된 상황에 잘 적응한다는 이유로 보상을 주는 집단이 싫기 때문이다. 내가 다니던 고등학교는 창문이 하나도 없는 우울하기 짝이 없는 환경이었다. 아무리 머리를 쥐어짜내도 고등학교에 대한 좋은 기억은 하나도 떠오르지 않는다.

나는 애틀랜타 외곽에 있는 조지아 주 샌디 스프링스에서 자랐다. 부모님은 사업을 하셨는데 능력은 있지만 돈은 별로 없었다. 나는 모호한 생각과 보다 나은 상황에 대한 갈망만으로 미래를 개척하기가 얼마나 힘든지 일찍부터 배웠다. 내 부모님은 오직 열정만으로 오랜 세월 동안 보다 나은 미래를 위해 노력했다. 자식들이 딛고 일어설 토대를 만들어주려고자 했다.

나에게 가장 오래된 기억은 매일 쉴 틈도 없이 일하는 부모님 때문에 혼자 집에 있거나 사무실에서 기약도 없이 기다리던 일이다. 보통 사람들처럼 즐거운 기억은 별로 없다. 평범하거나 즐겁지 못한 현실이었다. 당시 나는 꽤 변덕스러웠고 모든 것에 의구심을 품었다. 이것은 왜 이렇고 저것은 왜 저런지, 누가 그렇게 정했는지 따지며 무엇 하나 쉽게 받아들이지 못했다. 이런 사회 공포증에 더해 생각할 시간까지 많았다.

나는 평범한 것이라면 뭐든지 멀리했다. 너무 사소하게 느껴졌기 때문이다. 그래도 테니스를 열네 살 때까지 쳤는데도 조지아 주에서 꼴찌에서 2등을 했다. 당시에는 실패라고 여겼지만 지금 생각해보면 꼴찌를 하는 데도 약간의 재능이 필요한 것 같다. 나는 자신이 못 하는 일에 이끌린다는 사실을 일찍이 깨달았다. 그리고 그것은 내게 도전을 가르쳐주었다. 도전이야말로 나에게 중요했고 내가 원하는 일이었다.

고등학교 졸업 후 서던 메소디스트 대학교에 들어갔다. 나는 그 도전도 기꺼이 받아들였다. 그곳에서 전혀 다른 환경에 노출되었다. 1989년부터 1993년까지 댈러스, 아니 정확히 말하자면 학교가 위치한 하이랜드 파크에서 최악의 경제 침체를 목격했다. 그곳은 주변 경제에 전혀 영향을 받지 않은 것처럼 보였다.

나는 사람들이 타인이 겪는 어려움을 십분 활용하는 모습을 목격할 수 있었다. 원하는 대로 마음껏 먹을 수 있는 데다 줄 선 사람이 하나도 없는 뷔페처럼 기회가 널려 있었다. 그 경험은 투자와 위험에 대한 내 관점에 큰 영향을 주었다. 대학 졸업을 앞둔 무렵 내 성적은 월스트리트에 입성할 수준과는 거리가 멀었다. 도전을 좋아하는 성향 때문에 매우 까다로운 과목을 즐겨들은 탓이었다. 하지만 월스트리트에 가지 않은 것은 나에게 최고로 잘된 일이었다. 대학교에서 금융 이외에 영국 희극과 '경청의 기술'이라는 제목의 음악 수업을 접했다. 참고로 나는 지독한 음치다. 좋지 않은 학점으로 월스트리트에 응시하는 일은 그 자체로 코미디다. 그런데 이상하고도 다행스러운 일이 벌어졌다.

아마도 내가 쓴 에세이가 엄청나게 훌륭했던가 보다. 어찌된 일인지는 모르겠지만 대학에서 우등생들을 대상으로 한 포트폴리오 관리 프로그램에 들어가게 되었다. 그러면서 대학의 기부금 200만 달러를 관리해보는 기회까지 얻었다. 덕분에 월스트리트의 금융 팩토리와는 거리가 먼 훌륭한 자산 관리 기업을 만나볼 수 있었다. 그 기업은 모든 것에 의문을 던졌고 절대로 예측하는 법이 없었다. 현재 세계에서 손꼽을 만한 기업으로 성공했다.

나는 당시 '금융 전문가'에 대한 회의의 씨앗이 마음 깊이 뿌려진 상태였다. 역사상 가장 끔찍한 금융 실패가 세계에서 가장 똑똑하다는 사람들의 손에서 비롯되었기 때문이다. 그들은 자신이 아는 것에만 집중했을 뿐 전혀 재능 없는 분야에는 조금도 시간을 투자하지 않았다. 약점이 조금도 없는 자신감은 오히려 치명적이다.

내가 지금에 이르게 된 과정을 돌이켜보면 몇 가지 떠오르는 일들이 있다. 인과 관계가 분명해 보이는 사건도 있는가 하면, 직접적인 관계가 없는 일들도 있다. 임의적 사건은 필수 조건 없이 존재한다. 순전한 우연이다.

순전한 우연

세상에 제대로 된 가정에서 태어나는 것만큼 임의적인 일은 없다. 우연은 보이지 않는 사슬처럼 분명히 연결은 되어 있지만 어디에 있는지는 아무도 모른다. 지금 이 책을 읽는 독자들도 우연의 연약함을 잘 알고 있으리라. 그 사람을 만나지 않았더라면, 다른 동네에 살았더라면 인생이 얼마나 달라졌을까 하는 생각을 누구나 한 번쯤 해보았을 테니까.

세상에는 순자산 1천만 달러가 넘는 사람들이 100만 명 정도 된다. 그중 30만 명이 미국에 산다(캡제미니가 내놓은 2009년 세계의 부에 관한 보고서). 부자는 흔하지 않다.

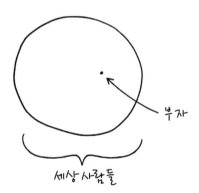

말콤 글래드웰은 『아웃라이어Outliers』에서 성공에 대한 설명이 왜 소용없는지 자세히 설명한다.

"숲에서 가장 키가 큰 상수리나무가 그토록 성장할 수 있었던 이유는 가장 단단한 도토리에서 나왔기 때문이 아니다. 다른 나무가 햇볕을 가로막지 않았고 토양이 기름지며 토끼가 밑동을 갉아먹지 않았고 벌목을 당하지 않았기 때문이다."

삶은 우리가 아는 것보다는 모르는 것과 훨씬 관계가 깊다. 우리의 운명도 수수께끼다. 내가 세상에 태어날 수 있었던 이유부터도 그렇다.

내 어머니는 켄터키 주 볼링 그린 외곽의 조그만 담배 농업 지대에서 자랐다. 볼링 그린은 사람들이 찾는 이유가 오로지 콜벳 공장을 방문하기 위해서일 정도로 무미건조하기 짝이 없는 동네다. 어머니에게는 세 가지 선택권이 있었다. 담배 농장에서 일하거나 패스트푸드 식당에서 일하거나 아예 볼링 그린을 떠나는 것. 어머니는 떠나는 쪽을 선택했다. 한편 아버지는 뉴욕 주의 브롱스에서 자랐는데 거기도 찾는 이들이 거의 없는 곳이다.

열여섯에 고등학교를 졸업한 아버지는 뉴욕을 떠나 조지아 공과대학교에 진학했다. 그리고 순전한 우연으로 쿠바 미사일 위기가 닥쳤다. 아버지는 스물둘에 징집되어 2년을 잠수함에서 보냈다. 베트남 전쟁이 악화된 시점이었지만 학교로 돌아간다면 소집 해제될 수 있었다. 아버지는 재빨리 조지아 주립대학교에 입학했다. 대서양에서 잠수함을 타다 온 아버지는 그 캠퍼스에서 어여쁜 여학생을 만났다. 그리고 지금 내가 이렇게 존재한다. 순전한 우연으로.

모든 것을 고칠 수 있었던 사나이

우리 아버지도 데이비드와 같은 세대다. 어쩌면 아버지는 지나치게 똑똑한지도 모르겠다. 바지도 제대로 입을 줄 모르지만 엄청나게 예리한 눈을 가진 그런 사람들이 있지 않은가. 아버지는 애틀랜타에서 꽤 유명했다. 무언가 고장 났을 때 도저히 고칠 수 없으면 다들 아버지를 찾아왔다. 아버지는 배도 고칠 수 있는 사나이였으니까.

아버지는 IRS(Internal Revenue Service, 미국 국세청-역주)에서 처음 비즈니스 세계에 뛰어들었다. 아버지는 배지를 달고 다녔다. 불법적인 상황을 감사하고 정부가 세금을 거둬들일 수 있는 방법을 찾는 교육을 받았다. 최악의 상황에서도 돈을 찾아내는 값진 경험을 할 수 있었다. 하지만 언제나 성공한 것은 아니었다. 아버지는 지금도 돈 세탁으로 애틀랜타의 연방 감옥에 수감된 죄수에게 세금을 받으러 갔던 일에 대해 가끔 농담을 한다. 세상에는 절대로 고칠 수 없는 상황도 있나 보다.

IRS에서 나와 보험 회사에 들어간 아버지는 은퇴 설계 업무를 담당했다. 하지만 1974년에 근로자퇴직소득보장법ERISA이 제정되자 보험 회사에서 그 업무를 종결했고 아버지가 사업체를 인수했다. 졸지에 부모님은 사업가가 되었다. 내가 네 살 때였다.

ERISA는 갓 만들어진 법인 데다 워낙 복잡했으며 새로운 법에 따르는 실패의 대가가 매우 비쌌다. 초기만 해도 퇴직 플랜은 엉성하기 짝이 없었으며 주로 의사들에게 판매되었다. 의사들이 돈을 많이 버는 유일한 직종이었기 때문이다. 그래서 금융 팩토리의 표적이 되기 쉬웠다. 세일즈맨들은 병원 한 곳을 찾아가 그저 복도를 서성대기만 하면 되었다. 그러면 무작위로 돈 덩어리와 마주칠 수 있었다. 아버지는 의사를 비롯한 전문직 종사자들을 나쁜 상황에서 구출해주는 '재무 박사'였다. 재무에 생긴 상처를 고쳐주었다.

아버지의 직업은 오늘날 부자들이 부를 유지할 수 있도록 도와주는 지금의 내 직업에 선동력이 되어주었다. 아버지 덕분에 어느

선까지 실패를 관찰하고 간접적으로 경험할 수 있었다. 잘못된 금융 상품이 조금도 의심하지 않는 똑똑한 고객들에게 얼마나 큰 피해를 주는지 목격했다. 또한 어린 시절부터 삶의 임의성에 대한 건전한 존중심을 기를 수 있었다. 나고 자란 환경, 주변 사람들과의 관계는 학위나 교육 못지않게 미래의 성공에 큰 영향을 끼친다.

본격적으로 뛰어들다

내가 투자업계에 입문한 것은 댈러스의 석유 및 부동산 침체 말기인 1993년이다. 그 무렵부터 엄청난 경제 호황이 시작되었다. 부의 원천은 언제나 똑같았다.

올바른 장소, 올바른 시간, 올바른 비전, 그리고 근면성실함.

사람들은 막대한 돈을 벌어들였고 또 잃었다. 그들에게 도대체 무슨 일이 벌어지고 있는 거지? 나는 의아했다. 그들은 자신이 얼마나 행운아인지 모르는 걸까? 그래서 그들에게 그 사실을 가르쳐주기 위한 여정을 선택했다.

부를 쌓은 이후에는 관점이 바뀌어야만 한다. 왜? 부자는 흔하지 않기 때문이다. 어떤 사건이 부를 몰고 오는지 아무도 예측할 수 없다. 하지만 일단 부를 쌓았다면 더 많이 쌓으려고 상식에서 벗어나는 행동을 하면 절대로 안 된다.

상상력은 안전에 도움이 된다

오늘날 대부분의 문제는 상상력이 결여된 사고에서 비롯된다. 데이비드나 우리 아버지 같은 경험이 없는 사람들은 진정한 가난이 무엇인지 상상하기조차 힘들다. 그런 고객들은 지금까지 무엇도 잃어본 적 없는 사람들이다. 수익이 줄어든 경험이야 해보았겠지만 돈에 관한 강력한 트라우마는 경험해보지 못한 것이다.

물론 직접 겪지 않은 일을 상상하기는 쉽지 않다. 지금까지 겪은 가장 끔찍한 고통이 기껏 편두통이었던 사람은 심장혈관우회수술의 고통을 상상하기 어렵다. 내가 고객들에게 하는 제안은 처음에 편집증처럼 보일지도 모른다. 하지만 부를 이루고 지키려면 감정의 한계를 시험하는 경험을 떠올려봐야 한다. 조종사들이 모의 비행 훈련을 하는 이유도 그 때문이다. 모의 비행장치는 조종사들을 정서적이고 심리적인 한계의 언저리로 데려가 이해를 확대시키는 것을 목적으로 한다. 트라우마는 본능을 단련시켜준다.

부자로 가는 경제학

당신의 부에 어떤 일이 생길지 생각할 때도 똑같아야 한다. 부를 손에 넣으려면 확신이 필요하지만, 부를 지키려면 적당한 편집증이 필요하다. 이미 부자인 사람은 더 많은 돈을 벌어서 얻는 것이 훨씬 적음을 기억하라.

이상한 방식처럼 느껴질 것이다. 왜냐하면 돈에 관한 결정을 내릴 때는 이미 좋은 부분은 처음에 받아들인 상태기 때문이다. 복권을 사는 사람들은 1달러에 꿈을 산다. 돈을 날릴 가능성 99.999퍼센트는 외면한다. 하지만 이미 일종의 복권에 당첨된 사람들, 즉 부자들도 그런 사고방식으로 살아간다.

좋은 일이 생기리라는 믿음은 보기만큼 간단하지 않다. 이미 부를 쌓은 사람이라면 만족도가 커질 가능성이 적기 때문이다. 빌 게이츠나 워런 버핏이 10억 달러를 더 번다고 생활 방식을 바꿀까? 당연히 아니다. 그들에게 10억 달러는 또 하나의 임의적 수익에 불과하다. 좀 더 공감할 수 있는 보기를 살펴보기로 하자.

돈이 지금보다 많으면 더 행복해질까?

10만 달러의 투자금을 가진 45세의 제임스라는 투자자가 있다고 해보자. 그는 앞으로 15년 동안 그 돈을 굴릴 방법을 절실하게 찾고 있다. 은퇴 자금 100만 달러를 마련하는 것이 목표다. 야심 찬 목표지만 절대로 불가능한 것도 아니다. 그 10만 달러로 1995년에 애플 주식 12,500주를 샀다고 해보자. 15년 뒤인 2010년에 10만 달러는 그의 소망보다 150만 달러나 많은 250만 달러로 불어나 있을 것이다.

그는 그 돈으로 30만 달러의 주택 대출금을 상환할 수 있다. 그는 자가용과 작은 보트를 소유하고 있으며 한 달에 꼭 필요한 돈이(건강보험, 보험료 납입금, 식료품, 공과금, 세금 등) 4,500달러다. 220만 달러를 현금으로 놔둔다면 앞으로 37년 동안은 돈 때문에 스트레스 받지 않고 살 수 있다. 제임스에게는 그것이 '앞으로 생길 수 있는 좋은 일'이다. 하지만 이 시나리오에서 숫자를 살짝 바꾸면 어떻게 될까?

제임스의 나이는 똑같이 45세고 500만 달러의 유동 자산을 소유한 중년 부유층이라고 해보자. 주택 대출금은 전부 상환한 상태고 앞으로 유명인사들의 초상화를 그리는 일을 하고픈 열정이 있으며 자녀들과 많은 시간을 보내고 싶다. 애플 주식에 투자한 덕분에 순자산이 크게 불어났지만 그는 이미 부를 쌓은 상태였다. 한번 생각해보라. 그 투자 덕분에 집을 한 채 더 사고 더 큰 보트도 마련할 수 있겠지만 삶의 질은 바뀌지 않았다. '소유'는 늘어났지만 삶의 질에는 큰 변화가 없다. 오히려 재산이 늘어나서 골치 아프게 신경 쓸 일만 늘어났다고 볼 수 있다. 하지만 과연 그에게 시장에서 손 떼고 열정을 따라 인생을 즐기면서 살라고 말해줄 사람이 있을까?

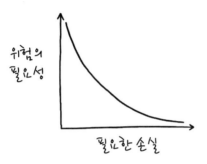

내부의 외부자

분명히 밝히지만 내 직업은 고객들의 돈 관리를 도와주는 일이다. 그렇기에 금융 서비스 산업을 비판하고 파헤칠 사람처럼 보이지 않을지도 모른다. 간단히 말하자면 나는 동종업계 사람들과 관점이 약간 다르다. 내가 진정으로 고객을 위해 해줄 수 있는 일은 그들이 가야만 하는 방향으로 나아가고, 마음속으로 이미 아는 것을 실행할 수 있도록 넛지(nudge, '옆구리를 슬쩍 찌른다'는 뜻으로 강요에 의하지 않고 유연하게 개입함으로써 선택을 유도하는 방법-역주)를 해주는 것이다. 나는 고객들에게 목적지를 정해주지 않는다. 그저 방향을 가리키고 "출발!" 하고 말할 뿐.

이 책에서는 시장에서 손 떼라는 말을 자주 하지만 내가 투자에 반대하는 것은 아니다. 나도 매일 고객들을 대신해 투자한다. 하지만 제대로 생각해보지도 않는, 필요 이상의 투자는 반대한다. 나는 많은 재무상담사들이 잘못된 재무설계 모델을 따른다고 생각하지만 재무 관련 조언을 구하는 일 자체는 반대하지 않는다. 잘못된 이유에서 비롯된 주식 투자를 반대할 뿐 주식 투자 자체는 반대하지 않는다. 지금까지 잘못된 조언에서 비롯된 잘못된 투자로 손실을 입은 경우를 수없이 지켜본 탓이다. 고객이 그런 상황을 피할 수 있도록 돕는 것이 내 목표다.

나는 '적합하다'는 단어를 참 좋아한다. 설명이 필요 없는 서술적인 단어이기 때문이다. 자신이 무엇에 행복을 느끼는지 알고 인생의 목적을 찾으면, 자신에게 가장 적합한 것이 무엇인지 알 수 있다. 내 형의 경우가 완벽한 본보기다. 내 형 브라이언은 명문 조지아 공과대학교에 입학했지만 적성에 맞지 않았다. 형은 예술가

쪽이기 때문이다. 형은 다른 사람들의 눈에는 보이지 않는 차이를 볼 줄 안다. 예술과 공학은 한 곳에 존재할 수 없으므로 형은 불행할 수밖에 없었다.

자신에게 적합한 것

결국 형은 조지아 주립대학교로 옮겨 예술을 전공했다. 그곳에서 마음껏 재능을 발산한 뒤 시카고미술연구소Art Institute of Chicago로 옮겨갔다. 그제야 자신이 있을 곳을 찾은 것이다. 지하실에 위치한 그 학교는 훌륭한 재능을 가진 괴짜들로 넘쳐난다. 졸업식은 코스튬 파티에 가까우며 졸업식 축사를 하는 연사는 30분 동안 춤을 춘 다음 졸업생들에게 앞으로 어떻게 살지 고민하느라 시간 낭비하지 말고 그냥 섹스나 많이 하라고 조언해주었다.

형은 애틀랜타로 돌아와 개념미술을 주로 다루는 갤러리를 처음 열었다. 애틀랜타는 예술 도시는 아니지만 그는 머지않아 유명 인사가 되었다. 도저히 가능성 없어 보이는 곳에서 예술가들을 발굴했고, 현재 그들 중 대다수가 뉴욕의 내로라하는 박물관에 작품을 전시한다. 당신에게 가장 적합한 것을 찾기까지는 오랜 시간이 걸리기도 하지만 매순간이 소중함을 곧 깨닫게 될 것이다.

많은 사람들이 자연과 하나 되는 느낌 때문에 캠핑을 좋아한다. 일반적으로 캠핑은 아름다운 산이나 나무가 많은 장소에서 이루어지는 활동이다. 노련한 캠핑족이라면 짐을 꾸릴 때 챙겨야 할 것과 챙기지 말아야 할 것을 본능적으로 안다. 목적지가 분명히 정해져 있으므로 생존에 필요한 물품이나 식량, 따뜻한 옷은 적합한 준비물이다. 반면 평면 텔레비전이나 데스크탑 컴퓨터 등 최대한 간단해야만 하는 캠핑 환경에 어긋나는 물건은 절대로 챙겨가지 않는다.

나는 고객들에게 이 단순한 원리를 활용하라고 조언한다. 당신의 여정에 적합한지 알기 위한 첫 번째 단계는 정확히 어디로 떠날 계획인지부터 아는 것이다. 안타깝게도 대부분의 사람들이 목적지도 정하지 않은 채 삶이라는 여행을 하고 있다.

모든 사람은 자기만의 캠핑을 떠난다. 여기서 캠핑의 의미는 사람에 따라 다르다. 가정을 꾸리거나, 술집을 창업하거나, 옷가게를 열거나, 미국 전역의 야구 경기장을 방문하거나, 세계에서 가장 높은 산에 오르거나, 어떤 분야든 자영업을 시작하는 것 등이 될 수 있다. 이 책을 읽는 독자들에게도 저마다 꿈이 있으리라. 그것을 현실로 이룰지는 당신의 선택에 달려 있다.

부자로 가는 경제학

금융 팩토리는 당신의 꿈에는 관심도 없지만 자신의 야망은 너무도 잘 안다. 금융 팩토리는 모든 사람들의 캠핑 여행이 완전히 똑같아야 한다고 믿는다. 금융 팩토리의 그러한 믿음은 자신이 무엇에 행복을 느끼는지 잘 아는 사람들에게는 해로울 수밖에 없다.

선택의 폭이 넓어질수록 올바른 선택을 내리는 데 오랜 시간이 걸린다. 하지만 선택권을 분석하는 데만 치중하면 정말로 중요한 것을 잊어버리기 쉽다. 악순환이 되풀이된다.

광부들이 강산 깊숙이 들어갈 때 위험을 알려주는 카나리아를 데리고 간 것처럼 당신에게도 자산 관리에 따르는 위험을 알려줄 카나리아가 필요하다. 당신에게는 긍정적인 선동력이 필요하다.

올바른
재무설계의 중요성

카르멘 빌라누에바는 아버지가 덮은 이불을 들어 올리자마자 엄청난 충격을 받았다. 아버지의 오른발이 사라지고 없었던 것이다. 하지만 충격보다도 혼란스러움이 더 컸다. 그녀는 세 번이나 거듭 확인한 다음에야 눈앞에 펼쳐진 광경을 믿을 수 있었다. 카르멘의 아버지 요르게 빌라누에바는 왼발에 생긴 궤양으로 병원에 입원했다. 괴저壞疽가 발생해 의료진이 아버지의 왼발을 절단하기로 결정했다.

그리고 수술 일정이 잡혔다. 페루 카야오에 있는 알베르토 사보갈 병원 의료진이 2010년 1월 5일 아침 빌라누에바 씨를 수술실로 데려갔다. 마취를 하고 시트를 덮고는 멀쩡한 오른발을 절단해버렸다. 괴저가 생긴 왼발은 그대로 놔둔 채.

의료진은 병원에 도착한 딸이 사실을 발견하기 전까지는 환자의 아픈 발이 그대로 붙어 있다는 사실을 꿈에도 몰랐다. 이번에는 원래 계획대로 아픈 왼발을 절단하기 위해서 두 번째 수술 일정이 잡혔다. 빌라누에바 씨는 두 발을 전부 잃었다.

이 이야기에는 충격적인 요소가 많지만 논리를 따지기 좋아하는 사람이라면 "도대체 어떻게 그런 일이 일어날 수 있지?"라는 질문을 던질 것이다. 대답은 간단하다. 잘못된 계획 때문이다.

수술실을 가득 채운 의사들과 전문 교육을 받은 간호사들은 전체적인 절차에만 관심이 쏠려 눈앞에 누운 환자의 개별적인 사항은 알아차리지 못했다. 조금만 추측을 덜 했더라면, 조금만 더 눈여겨보았더라면, 한 번만 더 확인을 했더라면 빌라누에바 씨는 멀쩡한 발을 살릴 수 있었으리라.

전체적인 절차가 일을 제대로 해야 한다는 강박 관념을 압도하면 불행이 닥칠 수 있다.

이렇게 믿기 어려울 정도로 충격적인 실수는 결코 드물지 않다. 의학박사 아서 뉴마크$^{Arthur Newmark}$는 '방향이 바뀐 수술' 사례를 보고하는 웹사이트를 운영한다. 그는 도저히 이해할 수 없는 의료 사고를 폭로한다. 그에 따르면 미니애폴리스에서는 반대쪽 신장을 제거했고, 캘리포니아에서는 엉뚱한 무릎을 수술하고, 신경외과 의사가 뇌의 엉뚱한 부분을 수술하는 사례가 발생했다. 심지어 실수로 엉뚱한 환자에게 엉뚱한 수술을 실시한 의사도 있었다. 그것도 두 번씩이나!

많은 병원에서는 안전한 보건의료 시스템 구축의 필요성을 깨닫고 수술 과정을 재점검하는 컨설턴트들을 고용했다. 2000년에는 많은 의학 전문가들이 이미 알고 있는 사실을 대중에 폭로한 책 『인간은 실수하기 마련이다 : 보다 안전한 보건의료 시스템 구축^{To} $^{Err Is Human: Building a Safer Health System}$』이 나왔다. 이 책에 따르면 해마다 10만 명이 의료 사고로 목숨을 잃는다. 사람의 잘못이 아니라 시스템의 잘못 때문이다.

부자 고객들도 빌라누에바 씨와 다르지 않다. 부자들은 전혀 나무랄 데 없이 멀쩡한 순자산을 들고 재무설계 전문가 앞에 앉아 있다. 전혀 손 댈 필요가 없는 돈이다. 또는 지극히 작은 부분만 손대면 되는데도 천편일률적인 재무설계 모델이 강제적으로 전체에 영향을 끼친다. 그 결과 고객의 부가 절단된다. 엉뚱한 발이 잘려 나갔을 때와 마찬가지로 회복할 수도, 되돌릴 수도 없다. 잘려 나간 돈 없이도 사는 법을 배우는 수밖에.

의료 분야와 마찬가지로 항공 분야에서도 인간의 실수가 중대한 영향을 끼친다. 미국 연방공청^{FAA} 엔지니어들은 사고의 재발을 막기 위해서 모든 사고를 거꾸로 분석한다. 투자 분야에서도 꼭 필요한 가르침이다.

동기화

2010년 크리스마스이브에 오스틴 하위$^{Austin\ Howe}$가 쓴 『디자이너들은 책을 읽지 않는다$^{Designers\ Don't\ Read}$』라는 책을 샀다. 구입처는 기억나지 않지만 제목이 마음에 들어 주문했다. 저자는 두 번째 장을 시작하면서 미국의 모든 디자인 스튜디오가 정확하게 똑같은 목소리로 말한다고 지적한다. 그 부분을 읽고 내가 몸담고 있는 금융 서비스 산업 분야에서 몹시도 거슬렸던 점이 무엇인지 깨달았다. 바로 모두가 똑같은 말을 한다는 것이다.

2009년 여름에 인턴을 시켜 『웰스 매니저$^{Wealth\ Manager}$』지에서 해마다 집계하는 미국 최고의 금융 서비스업체 목록을 찾아보라고 했다. 그 목록을 바탕으로 상위 400개의 웹사이트를 살펴보고 남들과 다른 독특한 업체가 있으면 알려달라고 부탁했다. 하지만 결과는 실망스러웠다.

　400개가 넘는 웹사이트 중에서 남들과 달라 보이는 업체는 딱 하나뿐이었다. 나머지는 전부 '독자적' '전체적' '객관적' '포괄적' '독점적' '위안' '안전' 같은 단어를 사용했다. 당연히 그럴 만하다. 하지만 진정한 가치는 명백한 사실을 말하는 것이 아니라 미지의 요소를 줄이는 데 있다. 식당이 "식사할 수 있습니다!"라는 당연한 광고 문구를 내세우면 안 되는 것처럼 말이다.

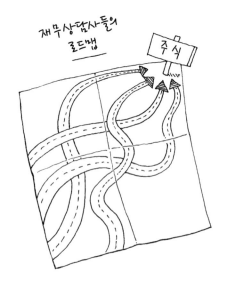

협동, 가정 그리고 '만약에'

올바른 재무설계가 갖추어지기까지는 매우 협동적인 과정이 필요하다. 숨겨진 것을 드러내는 과정이기도 하다. 부를 쥔 당신이 꿈과 야망을 직접 설계해야 한다. 재무상담사는 단점과 장애물, 기회를 찾아내고 당신이 원하는 그림을 함께 설계하는 건축가다. 당신의 설계도는 6~10장에 이르는 간단한 서류로 당신의 목표와 목표 달성에 필요한 단계, 잠재적 방해물이 들어가야 한다. 전적으로 당신이 주도해서 만들어야 한다. 따라서 재무설계사를 구할 때는 아래 사항을 명심해야 한다. 금융 팩토리의 재무설계는 언제나 이렇게 가정하기 때문이다.

- 당신에게 더 많은 돈이 필요하다.
- 투자 상품이 당신의 문제를 해결해줄 것이다.
- 우리의 예측은 거의 실제이다.

당신이 위 가정을 부정하면 재무설계사는 재빨리 일반적으로 받아들일 수 있는 뻔한 문구를 읊어대기 시작한다. 이를테면 당신의 재무설계사는 '인플레이션 위험' 때문에 현금이 좋지 못한 투자라고 말한다. 이렇게도 말할 것이다. "평균 시장 수익률은 연간 8~12퍼센트이므로 투자를 계속 해야 합니다." 그 말에 넘어가 계속 투자한 당신은 30퍼센트나 손실을 입을 테고. 현금도 투자임을 잊지 마라. 그것도 평화로운 투자다.

나는 고객들이 돈이 돌아오기를 기다리는 것을 바라지 않는다. 돈이 돌아오게 하려면 애초에 잃을 가능성을 줄이는 것이 최선책이다. 잘못된 예측은 위험하다. 신중하지 못하고 확신하게 만들기 때문이다.

재무설계사와의 제대로 된 대화는 '만약'의 경우에 대한 시나리오를 만든다. 경제에 따르는 우연성을 인정한다. 간단한 해결책을 찾는 사람은 '만약'을 수량화할 수 없음을 알아야 한다. 만약의 경우를 설명해주는 방정식 따위는 없다. 그러나 안타깝게도 '만약'의 방식을 따르는 사람들은 드물다. 삶의 불예측성을 이해해야만 불필요한 손실을 입고 회복하는 시간을 아낄 수 있다.

해마다 8만 달러씩 회사 연금을 받는 사람이라면 회사가 부도나지 않는 한 위험하지 않다. 하지만 '만약' 부도가 일어날지 알 수 있는 수학 공식 따위는 존재하지 않는다. 수 년 안에 부도날 가능성이 50퍼센트라거나 30퍼센트라고 계산할 수 없다. 즉, 모 아니면 도인 셈이다.

훌륭한 재무설계는 예상 밖의 가능성을 염두에 두고 그 잠재적인 결과로부터 부를 지켜줄 수 있어야 한다. 하지만 보통 사람들은 그러한 사고방식을 따르지 않는다. 이 방식을 받아들이려면 우선 몇 가지 준비물이 필요하다. 당신이 해줘야 할 일들이다.

- 자신에게 솔직해져야 한다.
- 자신이 제어할 수 있는 것에 초점을 맞출 준비가 되어야 한다.
- 재무에 관한 예측을 무시할 준비가 되어야 한다.
- 새로운 정보에 적응할 준비가 되어야 한다.
- 가정에 따르는 잠재적 위험을 평가할 준비가 되어야 한다.

예측하기

다음을 통해 자산 관리에는 임의성이 따른다는 사실을 확인할 수 있다. 우선 메모용 카드 한 움큼과 네임펜을 가져온다. 준비될 때까지 기다리겠다. 둘째, 다음 질문을 읽고 답을 적는다.

- 5년 후 당신은 무슨 일을 하고 있을까?

- 5년 후 미혼, 기혼, 이혼 중 당신의 결혼 유무는?

- 5년 후 주식 시장은 어떤 모습일까?

- 5년 후의 금리는?

- 5년 후의 인플레이션율은?

- 5년 후 당신의 재무 상태는 어떤 모습일까?

천천히 시간을 두고 되도록 포괄적으로 답해야 한다. 그리고 최대한 넓게 생각하고 답한다. 솔직해질수록 이 과제의 취지를 살릴 수 있다.

셋째, 답을 적은 메모용 카드를 한 봉투에 넣고 은행 안전금고에 보관해둔다. 그리고 5년 후에 봉투를 열어본다. 당신의 예측이 얼마나 들어맞았는가?

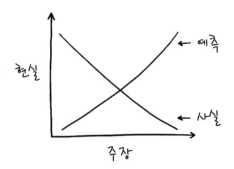

중요한 사건은 임의적이기 마련이다. 또한 저마다 재무에 중대한 영향을 미친다. 당신은 5년 후는커녕 5일 후도 예측할 수 없다. 일어날지 확실히 알지도 못하는 일 때문에 목적을 바꿀 셈인가? 말도 안 된다! 확실하지도 않은 내일의 인플레이션율 때문에 휴가를 취소하겠는가? 그러지 않기 바란다. 이 과제를 통해 깨달았겠지만 미래를 알 수 없다는 사실을 인정하고, 앞일을 안다고 말하는 사람들을 무시할 수 있어야 한다.

기업가의 사고방식

기업가들은 매우 흥미로운 집단이다. 그들은 그들만의 세계에 산다. 남들이 보지 못하는 기회가 그들에게는 보인다. 그들은 사업을 시작하기 위해 학교를 그만두기도 한다. 다들 정신 나간 짓이라고 만류해도 아랑곳하지 않고 투자를 하며, 실패해도 개인적으로 받아들이지 않는다. 그러나 대부분의 사람들은 성공한 기업가의 자질을 갖추지 못했다. 그 이유는 무엇일까? 배고픈 것을 두려워하기 때문이다.

사람들은 대부분 고정된 급여를 좋아한다. 자연의 생존 본능은 인간으로 하여금 위험을 줄이도록 훈련시켰다. 기업가에게는 그러한 생존 본능이 빠져 있는지도 모른다. 그들은 굶주림을 두려워하지 않는다. 거기에 기회가 들어 있다는 사실을 잘 알기 때문이다. 역설적이지만 뛰어난 투자자가 꼭 갖춰야 할 사고방식은 기업가 정신과 비슷하다.

경영 대학원은 책에서 성공 비결을 배울 수 있다고 착각한다. 절대로 불가능한 일이다. 훌륭한 투자에는 훌륭한 직관이 필요하다.

나는 고객들이 위험에 내성을 쌓을 수 있도록 앞에서 소개한 5년 후 예측하기 이외에도 실시간 시뮬레이션을 제안한다. 다음의 네 가지 시나리오를 읽어보자. 각 시나리오를 다 읽고 주어진 선택권에 대한 느낌을 0~5등급으로 평가한다. 0은 전혀 만족하지 않음이고, 5로 갈수록 만족도가 크다는 뜻이다.

이 훈련에는 그 효과를 높이기 위해 심적 시뮬레이션이 필수적이다. 각 시나리오에 대해 눈을 감고 정말로 기분이 어떨지 천천히 생각해본 후 답한다.

- **시나리오 1** : 당신은 10년 동안 매년 10만 달러씩 번다.
- **시나리오 2** : 당신은 1년 동안 100만 달러를 벌고, 그후 9년 동안 한 푼도 벌지 못한다.

- 시나리오 3 : 당신은 9년 동안 한 푼도 벌지 못하고, 10년째 되는 해에 100만 달러를 번다.
- 시나리오 4 : 당신은 1년 동안 1,000만 달러를 벌고 그후 9년 동안 해마다 100만 달러씩 잃는다.

각 시나리오에 대한 느낌이 어떠한가? 특히 불안하게 느껴지는 상황이 있는가? 당신도 깨달았겠지만 각 시나리오에 따른 결과는 정확히 똑같다. 10년째 되는 해에는 전부 수중에 100만 달러가 있게 된다는 것이다.

경제학자들이나 수많은 재무설계사들은 어차피 결과가 똑같으므로 선택권에 관심을 기울이지 말라고 한다. 1번 시나리오가 가장 행복하게 느껴지는 사람은 당신만이 아니다. 인간의 뇌는 일관적인 것에 가장 행복을 느끼도록 프로그래밍 되어 있으니까. 작은 보상이 자주 고정적으로 주어질 때 가장 큰 위안을 느낀다. 안타깝게도 주식 투자는, 즉 기업가들의 세계는 2~4번 시나리오와 흡사하다.

자그마치 9년 동안 한 푼의 수입도 없이 고생만 한다고 생각해보자. 드디어 수중에 돈이 들어오는 10년째 되는 해까지 포기하지 않을 사람이 얼마나 될까? 도대체 기업가들은 마지막까지 버틸 힘이 어디에서 날까? 그들은 비전과 통제력, 진보에서 힘을 얻는다. 주식 투자는 스스로의 통제력을 포기하고 다른 누군가의 비전에 투자한다는 뜻이며 수익 가능성도 임의적이다. 당신은 스스로에게 투자할 생각을 해본 적이 있는가?

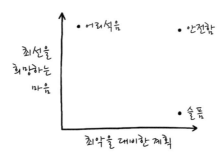

계획이 망가질 가능성

당신이 짜놓은 미래의 계획을 뒤엎을 수 있는 일은 대개 4~5가지뿐이다. 그것이 항상 죽음이나 장애인 것은 아니다. 때로는 삶이 죽음보다 더 위험할 수도 있다.

당신이 장애인이 된다고 해도 현금 1,000만 달러가 있으면 경제적 위험은 없다. 돈 문제가 아니라 다른 어려움은 따르겠지만 말이다. 장애인이 될 가능성을 없애주는 재무설계는 없지만, 제대로 된 재무설계라면 예측 불가능한 상황에 대비할 수 있도록 해준다. 생활 방식을 바꾸지 않으면 안 되는 상황에 대해 미리 떠올려봐야 한다.

제대로 된 재무설계사라면 당신의 귀에 대고 이렇게 말해야 한다. "좋아요, 미래 계획이 망가질 가능성이 4~5가지가 있습니다. 하지만 당신한테는 돈이 있어요. 당신이 만약 죽는다면 우린 슬프겠지만 부자는 또 있으니까 괜찮아요. 만약 당신이 장애인이 된다고 해도 우린 슬플 겁니다. 하지만 당신한테는 병원 치료를 받을 수 있는 돈이 있으니까요."

그렇다면 당신의 잠재적 위험은 무엇인가? '만약에' 시나리오는 무엇인가? 그것이야말로 정말로 유익한 재무설계의 밑바탕이 된다.

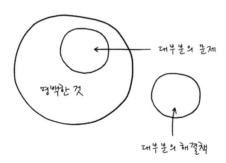

부자 경제학 2 · 잠재적 위험을 염두에 두어라

문제 가능성을 시험하기

미국 대통령을 위한 비밀경호기관인 미국국토안전부^{U. S. Secret} Service 비밀수사국 요원들은 최악의 상황에 대한 훈련을 받는다. 그들은 무기뿐만 아니라 심리학에도 능통하다. 그들이 받는 훈련에는 즉각적 결정이 필요하거나 인명 피해가 우려되는 극적인 시나리오도 포함된다. 그들은 시끄러운 잡음에 감정적이 아니라 지능적으로 반응해야 한다. 사람이나 장소, 물건에 대한 직관이 보호 본능으로 바뀌어야 한다. 한마디로 다른 시각으로 사건을 인식하는 법을 배운다. 그들은 제6감으로 알아차리자마자 곧바로 '해' 또는 '위험'으로 걸러낼 수 있어야 한다.

또한 그들은 훈련 기간 동안 고립된 채 끝없이 시험당하며 비밀 요원의 업무에 대한 선입견을 전부 버려야 한다. 이를테면 그들은 길모퉁이를 돌자마자 정면에서 괴한이 나타나 총을 겨누고 곧바로 방아쇠를 당기는 상황에서 훈련한다. 뇌의 반응 부분을 훈련시키기 위함이다. 그 훈련이 성공하면 사건의 속도가 느려진다. 한마디로 시간을 벌어주는 것이다.

NFL^(미국의 프로미식축구 리그) 쿼터백은 1.5초 안에 네 명의 선수에게 공을 전달해야 한다. 물론 그 사이에도 육중한 체격의 선수들이 사방에서 달려든다. 1년차 쿼터백이라면 당연히 턱없이 부족한 시간처럼 느껴진다.

하지만 뛰어난 쿼터백 톰 브래디^{Tom Brady}에게는 그 1.5초가 10초와 같다. 이미 머릿속으로 시뮬레이션을 거쳤기 때문이다. 그는 그 순간이 닥치자마자 누가 커버되고 있는지 안다. 곧바로 볼 수 있다. 생각하지도 않고 곧바로 행동으로 옮긴다. 당신의 재무 설계도 반응이 아닌 예측을 토대로 이루어져야 한다.

만약 은행에 1,000만 달러가 있고 금리가 6퍼센트라면 매년 60만 달러를 받게 된다. 단기채권 수익률이 6퍼센트라면 괜찮지만 만약 은행 금리가 2퍼센트로 떨어지면 어떻게 될까? 그로 인해 현금 흐름이 줄어든다면 당신은 어떻게 반응할 것인가? 그런 상황이 닥쳐도 당황하면 안 된다. 현금 수입이 줄어드는 상황을 미리 시뮬레이션 해야 한다. 그런 상황이 실제로 일어나지 않는다고 해도 어떠랴. 밑져야 본전이다. 그러나 최악의 상황을 미리 떠올려 보지 않으면 잠재적 위험을 평가하지 않은 것이다. 그것이 바로 기존의 재무설계 모델에 따르는 가장 큰 위험이다.

모든 재무설계는 저마다 다르다. 그러나 훌륭한 재무설계가 꼭 갖추어야 할 여섯 가지 요소가 있다.

- 당신의 목적을 드러내고 진척시켜준다.
- 당신의 배를 침몰시킬 수 있는 어뢰를 찾아내고 그것으로부터 보호해준다(모든 어뢰를 전부 발견할 수는 없지만).
- 당신의 라이프스타일에 현금 흐름을 맞춰준다.
- 자립 포인트(제8장 참고)를 이용해서 기회에 대비하도록 해준다.
- 자신에게 투자하도록 격려한다.
- 그 무엇도 예측하지 않는다.

모든 계획은 똑같이 세워지지 않는다. 가족 휴가나 다이어트, 운동, 결혼을 위한 계획도 물론 좋다. 하지만 재무에 관한 계획이야말로 당신의 인생에 가장 중대한 영향을 끼친다.

그 계획을 제대로 세우는지에 따라 당신의 앞날이 풍요로워지거나 빈곤해진다. 그 계획만이 당신을 경제적 자립으로 이끌어주거나 그 가능성을 완전히 없애버릴 수 있다.

재무설계에는 실수가 있으면 안 된다. 그에 따른 위험 부담이 너무 큰 탓이다. 어떤 투자 상품이 결국 당신의 라이프스타일과 맞지 않는다는 사실을 20~30년 후에나 깨달을 수는 없지 않은가. 시간은 결코 되돌릴 수 없다.

물론 완벽할 수는 없지만 신중하게 생각해야 한다. 당신이 인생을 즐기면서 사느냐는 어떤 조언을 듣고 실천하느냐에 달려 있다. 당신이 아니라 재무상담사의 습관과 필요에 맞춘 재무설계는 위험하다. 재무설계는 채무가 아닌 자산이 되어야 한다. 당신에게 억압이 아닌 자유를 선사해야 한다. 빌라누에바 씨의 잘못된 수술에서 보듯 전문가라는 자격증이 품질까지 보장해주지는 못한다. 투자에 대한 지식뿐만 아니라 당신이라는 사람을 깊이 이해하는 재무설계사를 만나야 한다.

위험의 본질

위험은 개인적이다. 연관이 있거나 없는 투자를 모아놓거나 분석해놓은 것이 아니다. 그런 것들은 오직 혼란을 일으킬 뿐이다. 위험은 통계 변수로 나타낼 수 없으며, 통계보다 훨씬 직관적이다. 또한 위험은 구멍이 많아 어느 한곳에 완전히 담을 수 없다. 어디에서 나타날지 아무도 모른다. 실제로 닥친 순간에만 알 수 있다. 게다가 대부분의 위험은 쏜살같이 달아나는 사슴이자 모퉁이를 돌았을 때 쓰러지는 나무와도 같다. 우리는 예상치 못한 위험에 맞닥뜨린 사람들의 이야기를 수없이 들어왔지만 자신의 이야기가 아닌 이상 제대로 집중하지 않았다.

여러 가지 질병의 개요에 대한 연구 자료가 있다고 해보자. 질병은 성별은 물론 나아가 연령별로 분류할 수 있다. 특정한 식단 유형이 끼치는 영향을 살펴보면 각 질병의 위험성이 좀 더 자세하게 드러난다. 나아가 지역에 따라 분류할 수도 있다. 모두 질병을 파악할 수 있는 유익한 정보다.

하지만 당신이 의사와 단둘이 마주 앉은 썰렁한 진료실에서 엑스레이 사진만을 들여다보며 질병을 선고받는 처지가 되면 아무런 도움도 되지 않는다. 위험은 개인적이다.

위험이란

위험은 기대를 훔쳐가는 도둑이다. 동시에 충격과 실망을 안겨준다. 지금까지는 수학적인 방식으로 위기를 이해하고자 했다. 그래서 계리사는 보험 회사를 위해서 재앙이 일어날 가능성을 계산하고, 펀드 매니저들은 포트폴리오를 지키려고 역사를 공부한다. 물론 도움이 되기는 한다. 하지만 당신이 플로리다 주 데스틴에 꿈에 그리는 집을 짓기 위해서 기상학자를 컨설턴트로 고용한다고 해보자. 그는 지난 200년 동안 플로리다를 강타한 허리케인에 대한 자료를 가져올 것이다. 물론 좋은 일이다. 하지만 그 정보가 정말로 그곳에 거주할 경우에 따른 위험을 알려줄 수 있을까? 그렇지 않다.

진짜 위험은 당신이 가지고 있지 않은 정보에 달려 있다. 즉 '언제'인가다. 지금까지 플로리다 서부를 강타하지 않은 지진, 기록도 역사도 없으며 일어날 가능성도 지극히 희박한 사건에 달려 있다. 멕시코만에 약 20억 갤런이나 되는 원유가 유출될 가능성이 희박했던 것처럼.

위험은 시야에서 보이지 않는 부분과 같다. 문제는 거기에서 그치지 않는다. 미식축구에 비교하자면, 오른손잡이 쿼터백은 공을 던지려고 몸을 돌리는 순간 왼쪽이 위험에 노출된다. 왼쪽 태클로 몰려드는 선수들을 차단하면 위험이 줄어든다. 하지만 그것은 예측 가능한 위험에 대한 대비책일 뿐이다. 누구나 경기 법칙을 알고 누군가 공을 들고 돌진해올 것임을 안다. 태클로 방어할수 있다면 진정으로 예측 불가능한 위험이 아닌 것이다.

복잡한 문제는 맡겨주세요

금융 팩토리는 위험을 이해한다고 주장해야 수익 창출에 유리해진다. 투자자는 겉모습만 그럴듯하다면 위험을 줄여주는 해박한 지식을 제공하는 사람에게 기꺼이 값비싼 수수료를 지불할 것이다. 금융 팩토리는 당신을 위해 복잡한 계산과 알록달록한 차트, 학문 지식을 내놓는다. 어쨌든 그들은 똑똑하다. 금융 분야의 천재들이다.

그러나 문제는, 위험은 전문가들의 허락 따위는 받지 않고 당신의 포트폴리오에 구멍을 낸다는 것이다. 위험은 사전 법칙을 따르지 않는다. 위험은 자기가 직접 두드리는 북소리 장단에 맞춰서 행진할 뿐이다. 아무런 경고도 없이 순전히 자기 마음대로 대대적인 혼란을 일으킨다. 위험은 무례한 녀석이다.

2006년과 2007년에 은퇴를 앞두고 있던 수많은 사람들을 떠올려보자. 그들은 별장을 고르고 손자, 손녀들을 만나러 갈 꿈에 부풀었다. 그런데 난데없이 위험이 닥쳤다. 그들의 꿈은 순식간에 날아가버렸다. 순식간에 일어난 손실을 메우기 위해 아직까지 일하는 사람들이 태반이다. 그것이 바로 위험의 본질이다. 위험에 오래 노출될수록 경제적 안정이 무너질 가능성이 커진다.

10만 달러 내기

10만 달러를 걸고 내기를 제안하겠다. 당신이 밖에 나가서 5분 안에 비가 내린다면 10만 달러를 주겠다. 물론 상세 조건이 있다. 내가 정한 날짜와 장소, 시간에 따라야만 한다. 다시 말하자면 모든 위험을 내가 제어한다. 당신이 내가 정한 시간에 밖에 서 있는데도 비가 내리지 않는다면 당신이 나에게 10만 달러를 줘야 한다. 굉장한 내기 아닌가! 적어도 나한테는.

이제 몇 가지 세부 사항이 바뀌면 위험에 큰 변화가 나타난다는 사실을 살펴보자.

밖에 서 있는 시간을 5분이 아니라 5시간으로 바꾼다면 어떻게 될까? 여전히 내 쪽 위험 부담이 크다. 5시간이 아니라 5일로 바꾼다면? 5주 동안이라면? 아니, 5개월로 한다면 어떻게 될까? 당신에게 10만 달러는 떼놓은 당상이다. 미국에 다섯 달 동안 비가 한 방울도 내리지 않는 지역은 드물기 때문이다. 자, 이제 이것을 부와 당신의 관계에 연관 지어 생각해보자.

부를 이룬 사람은 실내에 있는 것이나 마찬가지다. 당신을 '망칠 수 있는' 시장 요소에서 안전하다. 하지만 밖에 나가면 위험 요소에 노출된다. 그리고 오래 나가 있을수록 비가 내릴 가능성이 높아진다. 물론 그것이 꼭 나쁘지는 않지만 어쨌든 당신을 지체하게 만든다. 나는 고객들에 평생 안에만 있으라고 하지 않는다. 그것은 지나친 일이니까. 평생 안에만 있지는 말되, 확고한 믿음이 있어야 한다.

- 인내심을 가져라.
- 밖으로 나갈 때는 커다란 우산을 가져가라.

이 두 가지를 명심한다면 밖에 나간다는 것의 의미가 완전히 달라질 것이다. 비가 오든 말든, 혹 비가 오더라도 많이 젖을 염려가 없다. 제대로 된 재무설계 덕분이다.

내가 당신에게 정말로 하고 싶은 말은 미리 준비하라는 것이다. 당신은 이미 축적한 부 덕분에 준비할 기회가 무한하다. 당신이나 가족 또는 당신의 라이프스타일이 저 멀리 지평선 너머로 다가오는 폭풍우에 노출되어야 할 이유는 없다. 워런 버핏은 이렇게 표현했다.

"투자가 야구보다 좋은 점은 원할 때까지 투수판에 서 있을 수 있기 때문이다."

공이 날아올 때마다 방망이를 휘두를 필요가 없다. 공이 투수판 가운데로 날아올 때까지 기다려도 된다. 모든 상황이 자신에게 유리해질 때까지 기다릴 수 있다. 그런 다음에 방망이를 휘두르기만 하면 된다. 이처럼 부의 장점은 인내를 가능하게 해준다는 것이다. 당신은 그것을 활용하고 있는가?

위험의 본질을 이해하려면 상상력과 창조성이 무엇보다 중요하다. 당신이 다양한 시나리오를 떠올릴수록 부수적인 시나리오가 계속 떠오른다. 창조가 시작된 순간 계속 혼합이 이루어지기 마련이다. 머지않아 천편일률적이지 않고 다방면을 고려한 재무설계서가 만들어진다. 기존 재무설계의 가장 큰 위험은 창조성의 부재다. 상상력도 빠져 있다. 상상력은 똑같은 공식에는 들어 있지 않다. 또한 기존의 재무설계 방식은 보이지 않는 부분을 보지 못한다.

확신 없음

불확실성은 객관적인 기준이 없어 측정하지 못한다는 뜻이다. 9·11 테러에 대비한 재무설계는 어떻게 해야 할까? 계획을 세우면 감당할 수 있는 수준으로 손실 금액을 줄이고 라이프스타일을 유지할 수 있다. 9월 10일 월요일에 당신의 순유동자산은 1,000만 달러이며 주식에 투자한 돈도 100만 달러가 있다고 해보자. 주택 대출금도 없고 특별한 빚도 없다. 그러므로 9월 12일에 주식 투자금 100만 달러가 전부 날아가도 당신의 라이프스타일에는 아무런 영향도 끼치지 않는다.

비극적인 사건에 구체적으로 대비할 수는 없지만 전반적인 계획은 세울 수 있다. 부를 덮어주는 영원한 우산을 들고 시장 안에서 노출을 제한한 채 서 있으면 된다. 그러면 많이 젖지 않을 수 있다. 무리하게 투자하지 않았기 때문이다.

최악의 상황에서

살면서 예상하지 못했지만 엄청난 영향을 가져온 일들을 떠올려보자. 그 일들이 없었다면 지금 당신은 어떤 모습일까? 그 일 가운데 일정과 계획에 따라 이루어진 일들은 얼마나 있는가? 사람의 진짜 모습은 편안한 상황이 아니라 극한에서 드러난다. 마찬가지로 최악의 가정에서 시험해야만 투자의 본질을 알 수 있다. 산업의 실패와 시장 붕괴는 수많은 시험 재료를 제공했다.

친절하지 않은 현실

델타 항공사의 조종사로 근무하다 퇴직한 고객이 있다. 평생 그와 아내를 책임져줄 연금을 받기로 되어 있었다. 저축해놓은 돈도 꽤 있으며 그 외 자산도 400만 달러나 되었다. 우리는 빚 청산을 가장 우선적인 목표로 잡았고, 모든 빚을 갚고 나니 360만 달러가 남았다. 세금 공제 혜택을 받지 못한다고 회계사가 반발하기는 했다. 내 고객은 평생 동안 주식에 투자했으므로 주식 투자에는 꽤 자신이 있었다.

나는 델타 항공사가 파산할 경우 그의 현금 흐름에 어떤 변화가 생길지 구상했다. 그의 인생이 바뀔 수도 있을 만큼 큰 위험이었다. 델타가 문을 닫지 않는 한 그의 재정 상태는 이상무였다. 매우 안전한 확정이자부유가증권Fixed-Income Securities에 은퇴 자금의 75퍼센트를 투자하라고 권하자 그는 몹시 불안해했다. 당시가 2003년이었는데 그로서는 자신에게 부를 안겨준 주식 시장에서 손을 떼기가 결코 쉽지 않은 일이었다. 하지만 은퇴와 함께 그의 삶도 달라졌다. 또다시 30년 동안 항공사에 근무해서 400만 달러를 벌 수도 없는 노릇이었다.

델타 항공사는 2005년 유가 상승에 따른 연료비 증가로 수익이 악화되고, 동시에 허리케인 카트리나에 의해 회사의 지반인 미국 남부 지역이 피해를 받으면서 경영난에 빠져 파산했고 적격퇴직연금과 비적격퇴직연금의 지급도 즉각 중단되었다. 그는 마지막 연금 지급을 알리는 편지를 받았다. 그리고 2008년 가을에 주가가 폭락했다. 동료 조종사들은 퇴직금을 전부 날린 데다 주택 대출금도 남아 있는 상태였다.

델타 항공사의 파산과 시장 붕괴라는 두 가지 사건을 예측한 사람은 거의 없었다. 그런 일이 생길 줄 아무도 몰랐다. 사실 그 두 사건은 좁은 간격을 두고 발생했는데, 아마도 통계적으로 '불가능'한 일이었으리라. 그러나 현실은 절대로 상의를 하는 법이 없다. 2005년에 돈 있는 사람들에게 불필요한 위험을 피하라고 조언해준 이들은 아무도 없었다. 언제 무슨 일이 생길지 불확실한 인생이지만 청구서만큼은 때가 되면 틀림없이 나오는 법이다.

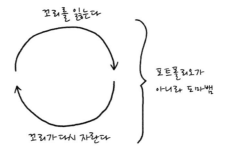

예측 불가능한 사건들

예측 불가능성은 참으로 괴상한 단어다. 그 의미를 잘 못 이해하는 경우가 많다. 그 이유는 엄청난 경제적 재앙은 자신이 아닌 다른 사람들에게 일어나기 때문이다. 앞장에서 말했듯이 예측 불가능하다는 말은 시간이 정해지지 않았다는 뜻이다. 우리는 앞으로 일어날 수 있거나 일어날 예정인 나쁜 일의 99퍼센트를 알고 있다. 다만 언제 일어날지 모를 뿐이다. 시장 붕괴, 질병, 실직, 기술 진보, 전쟁, 이혼, 죽음은 모두 역사가 길다. 그런데도 왜 언제나 우리를 놀라게 할까? 충격적인 경험은 개인화하기가 힘들기 때문이다. 단지 가정이라고 해도 자신을 불행한 상황에 끼워 넣어보기란 영 불편한 일이다.

또 다른 이유는 누구도 미리 극심한 경제적 어려움을 경험해보지 않기 때문이다. 따라서 불행의 가르침을 흡수하기가 거의 불가능하다. 교과서는 정보만 전달할 뿐 감정까지 전해주지 않는다. 대공황과 실업률 25퍼센트, 1970년대의 석유금수조치나 생필품 사재기를 위해 길게 줄지어 선 사람들에 대한 글을 읽어도 '얼마나' 나쁜 상황인지는 실감되지 않는다. 그 상황에 놓인 당사자가 아니기 때문이다.

부자가 된 다음에는 생각을 달리 해야 한다. 돈이 없는 사람들과 다른 관점으로 상상해야 한다. 그러나 금융 팩토리는 부자들이 그들에게 적합한 방식을 추구하도록 도와주지 않는다. 100만 달러의 자산을 가진 사람은 전체 인구 중 지극히 적다. 어떻게 부자가 되었는지는 중요하지 않다. 어쨌든 부자가 된 다음에는 법칙도 달라진다.

그러나 대부분의 재무설계사들은 부자들에게 이미 손아귀에 쥐고 있는 돈을 또 투자해서 위험에 노출되라고 권한다. 이미 가진 돈을 날리고, 부자가 되기 전의 라이프스타일로 돌아가야 할지도 모르는 위험을 무릅쓰라고 말이다.

한 걸음만 벗어나도

금융 팩토리가 '무엇'에 집중하게 만드는 이상 당신은 절대로 '언제'에 집중할 수 없다. 한 걸음만 벗어나도 길에서 완전히 벗어날 수 있다. 중간 따위는 없다. 위험을 고려한 재무설계는 당신이 에너지를 효율적으로 사용하게 해준다. 시장 위험을 완전히 아는 척하는 사람은 점쟁이나 다름없다. 위험의 대가라고 자처하는 사람을 철석같이 믿는다면 점쟁이들이 절대로 복권 당첨 번호를 알아맞히지 못한다는 사실을 잊어버린 것과 같다.

물론 경험 자료를 분석하면 투자 위험의 전반적인 구조가 드러난다. 그러나 실제로 닥치기 전까지는 어떤 영향을 가져올지 알 수 없다. 그제야 당신은 위험을 거꾸로 되짚어보고 불필요한 노출을 막으려 몸을 꽁꽁 싸맨다. 위험은 파괴적이지만 기회가 없으면 아무런 힘도 없다.

다시 말해야겠다. 위험은 기회 없이는 무력하다. 나무 옆에 서 있지 않는 한 나무가 당신을 덮칠 가능성은 없다. 마찬가지로 무리하게 투자하지 않으면 무리하게 잃을 일도 없다. 재무설계사가 "10년 안에 되찾을 수 있을 겁니다"라고 말한다면 지금 이미 돈을 가졌다고 말하라.

연기자와 리스크 매니저

연기자와 리스크 매니저의 차이는 무엇일까? 최소한 연기자들이 실제가 아니라 연기를 한다는 사실은 알 수 있다. 사람들은 톰 행크스Tom Hanks가 실제로도 포레스트 검프처럼 말하리라고 생각하지 않는다. 하지만 톰 행크스가 자신이 맡은 배역을 훌륭하게 소화해낸다는 사실은 잘 안다. 적어도 그는 영화 속에서만큼은 관객이 아는 것이 사실이 아님을 확인시켜준다. 놀랍게도 관객은 전혀 속는 기분이 들지 않는다. 오히려 감동을 받는다.

반면 리스크 매니저들은 연기를 하지 않는다. 이론상 그들은 재정적 위험을 통제하고 부정적 가능성을 길들인다. 바람직하지 않은 시장 움직임에 따른 피해를 줄여주는 대가로 많은 돈을 받는다. 물론 이론상은 그렇다.

그러나 리스크 매니저들은 위험을 이해하지 못한다. 금융을 모른다는 말은 아니다. 많은 리스크 매니저들이 금융에 대해 잘 알고 있다. 하지만 여러 번 언급했듯이 진정한 위험은 이미 일어난 일이 아니라 아직 일어나지 않은 일이다. 이전의 시장 붕괴를 토대로 다음을 대비한다면 마치 처음 자동차 사고가 났던 곳에서 또 사고가 일어나지 않을 것이며, 똑같은 운전자끼리 사고 날 일도 없다고 추측하는 것과 같다. 역설적이게도 리스크 매니저들은 2008년의 금융 위기 때 별다른 활약을 하지 못했다. 오히려 상황을 악화시켰을 뿐이다.

계좌가 이끄는 삶

『퍼블리셔스 위클리Publishers Weekly』에 따르면 『목적이 이끄는 삶The Purpose Driven Life』은 미국 역사상 가장 많이 팔린 양장본 도서다. 서던 캘리포니아 주에 있는 새들백 교회의 창시자 릭 워렌Rick Warren 목사가 쓴 책으로 전 세계에서 3천만 부 이상 팔렸다. 많은 이들이 자신만의 삶의 의미를 찾도록 변화시켰다. 하지만 세상에는 문제적인 삶도 있다.

나는 그것을 '계좌가 이끄는 삶'이라고 부른다. 부자 고객들은 세 걸음 앞으로 나가기가 두려워 오히려 고통스럽게 네 걸음 뒤로 물러난다. 그들은 자신의 상황에 맞지 않는 투자를 강요받는다. 그들은 부자가 되려는 야망을 가진 사람들이 아니다. 이미 부를 손에 넣었다. 그런데도 대부분의 부자들은 전혀 다른 고객들에게 적합한 투자 철학을 강요받는다.

나는 부자 고객들이 경제적 타격을 입게 된 사연을 수없이 많이 접한다. 그들은 부를 이끄는 목적이 무엇이냐는 질문을 받은 적이 없다. '가족을 돌보거나 사업체를 운영하는 것 이외에 세상에 태어난 이유가 뭐라고 생각하는가'라는 질문 말이다. 오직 당신만이 답할 수 있는 질문이다.

부자들이 받아야 할 질문은 이렇다.

만약 은행 잔고가 100만 달러에서 1천만 달러라면 어떤 활동이나 대의, 취미활동, 프로젝트를 추진하겠는가? 당신의 열정은 무엇인가? 당신이 오랜 세월 동안 애써 외면해온 강한 이끌림은 무엇인가? 이 책을 읽는 지금 당신의 마음을 강하게 잡아끄는 것은 무엇인가?

열정이 향하는 곳을 아는 순간 당신의 삶은 목적을 띤다. 자유롭게 내면의 열정을 따라갈 수 있는 자유가 생긴다. 투자나 사업, 시간이 열정을 중심으로 돌아간다. 물론 그것이 그다지 매력적인 개념은 아니다. 특히나 금융업계는 내면이 이끄는 삶을 비웃을 것이다. 하지만 비밀을 하나 알려주겠다. 내가 아는 가장 행복한 부자들은 분산 투자를 하지 않는다. 그들은 열정을 살리기 위해 투자한다. 당신은 어떤가?

해독제

당신은 월스트리트보다 위험에 대해 잘 이해하고 있을지도 모른다. 어떻게 하면 보다 효과적으로 위험을 피할 수 있을까? 미리 준비하라. 참여하지 않으면 게임에서 이길 수 없지만 질 수도 없다. 잃을 것이 많을수록 덜 공격적이 되어야 한다. 위험은 빈틈없는 녀석임을 잊지 마라. 위험은 매우 은밀한 성격이라 당신이 궁지에 몰리기 전까지는 절대로 패를 보여주지 않는다. 부자는 잃을 수 있는 것보다 많이 내걸 이유가 전혀 없다.

모든 위험으로부터 완전히 벗어날 수는 없지만 위험에 대한 이해를 키우면 '깜짝 놀랄 만한 완충장치'가 마련된다. 일종의 우산인 셈이다. 안타깝게도 인생에는 알 수 없는 일들이 더 많다. 포트폴리오 매니저에게 위험의 정의를 물어보라. 아마 모호한 용어로 가득한 기다란 목록부터 읊어대기 시작할 것이다. 그들이 길가 천막에서 손금을 봐주는 점쟁이들보다 내일을 잘 예측할 가능성은 별로 없다. 그 사실을 잊지 말아야 한다는 점은 확실하다.

재무설계는 추측이다. 잘 모르겠다면 5년 전 재무설계서를 꺼내보라. 실제로 들어맞은 내용이 얼마나 되는가? 전부 오직 추측이었을 뿐이다. 둘 다 겁나는 상황이지만 하나만 골라보자. 현실이 다른 방향으로 흘러가는 데도 맹목적으로 예측을 따르는 것과, 더 나은 정보가 가리키는 새로운 길에 적응하는 것 중 어느 쪽이 나을까? 돈 많은 고객한테는 아첨이 아니라 솔직함이 필요하다. 인생은 캄캄한 밤에 움직이는 여정이다. 예전의 경험은 길이 안전하다고 속삭인다. 벌써 수천 번이나 걸은 길이기 때문이다. 그래서 우리는 익숙한 길에 자신 있게 발을 내딛는다. 그러나 헤드라이트는 전방 60미터 앞만 비추어줄 뿐 그 앞은 완전한 어둠이다. 어제까지만 해도 없었던 웅덩이가 갑자기 생겼거나 난데없이 사슴이 뛰어들 수도 있다. 사방이 위험투성이다.

당신의 여정에 적합한지 알기 위한 첫 번째 단계는 정확히 어디로
떠날 계획인지부터 아는 것이다. 안타깝게도 대부분의 사람들이
목적지를 정하지도 않은 채 삶이라는 여행을 하고 있다.

감정을 이용하는 금융 팩토리

금융 팩토리는 '공포'와 '탐욕'이라는 정확하지도 않은 단어로 고객과의 대화를 투자에 고정시킨다. 극단적인 감정인 공포나 탐욕이 일반적인 감정 상태라고 믿게 만든다. 사실과는 영 딴판이다. 인간의 일반적인 감정 상태는 중간에 가까우며, 안전에 대한 욕구, 자기보호, 희망을 상징한다. 그러나 대화의 시작부터 동기가 잘못 적용되면 극단적인 것 이외에는 알아차리기가 어려워진다.

맥락은 정의다. '어떻게'와 '어디에서'가 '무엇을'을 정의한다.

당신에게 중요한 것이 무엇인지 정의할 때는 서두르지 마라. 누군가 당신의 맥락을 바꿔서 결과적으로 당신의 관점을 바꿔버릴 수 있으니까.

2007년 1월 12일은 한겨울답게 몹시도 추웠다. 그날 워싱턴 D. C.에 있는 랑팡 플라자에 음악소리가 울려 퍼졌다. 30대 후반의 남자가 바이올린을 연주하고 있었다. 하지만 행인들은 그의 연주에 귀를 기울이지도 않았고, 돈을 내지도 않았다. 사람들은 그냥 우르르 지나쳤다. 그들은 출근해야 할 직장이 있고 남자는 없었다. 그들은 자기보다 훨씬 중요한 사람들과의 중요한 미팅을 위해 가는 중이었다. 반면 남자는 그저 거리의 악사에 불과했다.

남자가 굉장히 어려운 곡을 연주하고 있다는 사실을 알아차리는 사람은 아무도 없는 듯했다. 그가 연주하는 곡은 '젓가락 행진곡'이 아니라 클래식 명곡이었다. 바흐의 '파르티타 제2번 D단조 중 샤콘느와 막스 브루흐의 바이올린 협주곡 G단조'는 전문 교육을 받지 않은 이들이 연주하기에는 매우 어려운 곡이었다. 하지만 그 사실을 알아채는 사람은 아무도 없었다. 비범한 재능을 알아보는 사람이라면 비애 가득한 그의 연주 소리에 귀를 기울였으리라. 마치 열세 살짜리가 시속 170킬로미터의 강속구를 던지는 것처럼 분명히 시선을 잡아끌 만한 광경이었다.

게다가 남자의 바이올린은 평범한 바이올린이 아니었다. 그의 손에 들린 바이올린은 안토니오 스트라디바리$^{Antonio\ Stradivari}$가 1713년에 직접 만들었으며, 역사상 가장 훌륭한 바이올린이라고 불리는 깁슨 엑스 후버만$^{Gibson\ ex-Huberman}$이었다. 가격이 무려 350만 달러를 호가한다. 바이올린의 음색은 어디에도 견줄 수 없었으며 악사의 연주는 흠잡을 데 없었다.

그러나 맥락이 완전히 잘못되어 있었다. 복권 판매점, 구두닦이, 불필요한 휴대전화 통화 소리를 배경으로 한다면 그 무엇도 가치가 떨어져 보이리라. 그는 아랑곳하지 않고 계속 연주했다. 45분 후 앞에 놓인 상자에 담긴 돈은 겨우 32달러였다. 군중이 모여들기는커녕 그저 몇 명만이 멈춰 서서 거리의 악사치곤 괜찮다고 생각했을 뿐이었다. 실상은 전혀 모른 채.

그로부터 몇 달 후 그 일에 대한 기사가 보도되었다. 사람들은 그 날의 진상을 알고 기절초풍할 정도로 놀랐다. 1월 12일 아침에 수천 명의 행인이 무심코 지나친 거리의 악사는 세계적인 바이올리니스트 조슈아 벨$^{Joshua\ Bell}$이었다.

이 깜짝 실험에 대한 이야기가 처음 나온 것은 벨이 동료 음악가와 신년 연휴에 커피를 마실 때였다. 그가 벨에게 러시아워에 거리 악사로 변신할 수 있는지 물었다. 처음에는 농담에 불과했지만 벨은 진지하게 받아들였고 곧 계획을 세웠다. 오스카상을 수상한 작곡가 존 코릴리아노John Corigliano가 '신의 연주'라고 극찬한 바이올리니스트 벨은 그 겨울날 평범한 거리의 악사 취급을 받았다.

근사한 턱시도와 웅장한 음향 효과, 80명이나 되는 오케스트라 연주자들이 없는 상황에서 사람들은 벨을 다르게 인식했다. 벨의 재능은 그대로였지만 맥락이 달라졌으므로 사람들은 그의 가치를 낮게 인식했다.

맥락이 바뀌면 곧이어 관점도 바뀐다. 당신에게 가장 중요한 가치가 마우이 섬에 살면서 회고록을 쓰는 일이라고 해보자. 그런데 재무설계사가 최근의 투자 붐에 따라 당장 투자를 해야 한다고 부추긴다면? 당신에게는 그 제안이 기회가 아니라 올가미처럼 느껴질 것이다. 조슈아 벨의 일화에서 보듯 환경이 바뀐다고 사람 자체가 바뀌지 않는 것처럼 시장이 당신을 바꾸게 해서는 안 된다.

전문가들의 맹목성

가격은 브랜드다. 로고나 브로슈어, 웹사이트, GEICO(미국 보험 전문 업체-역주) 광고는 잊어라. 전부 부수적인 것들이니까. 사람이 가진 돈이나 돈을 쓰는 방식에서 많은 것을 알 수 있다. 그 사람이 무엇을 가치 있게 여기며 이유가 무엇인지도 말해준다. 따라서 근본적으로 브랜딩은 상품이나 서비스와의 정서적 연결 관계라고 할 수 있다.

한번 생각해보자. 값비싼 물건을 사면 아드레날린이 잔뜩 분비될 때처럼 기분이 좋아진다. 우선 "난 이걸 살 능력이 있어"라는 생각이 든다. 또한 그 물건이나 서비스를 판매하는 사람들도 우리가 그럴 능력이 있음을 안다. 그 사실이 우리를 기분 좋게 만든다. 인정받고 싶은 인간의 기본 욕구를 충족시켜준다. 그렇다면 가격이 저렴한 물건이라면 어떨까? 방향은 다르지만 똑같은 원리가 작용한다. 싼 물건을 살 때는 "역시 난 똑똑해"라는 생각에 지적인 만족감이 생긴다.

와인 산업만큼 주관적인 가치와 가격이 지배하는 산업은 없다. 최고의 레드 와인에 대한 대화에 끼어들기 전에는 한동안 잡혀 있을 준비를 해야 한다. 와인 애호가들은 열정이 넘친다. 점잖게 표현하자면 그렇다. 또한 와인 전문가들은 지나치게 자신을 높이 평가한다. 피노 그리지오 병만 보고도 포도를 딴 사람이 누구인지는 물론 그의 둘째아이 이름까지 줄줄 읊어댈 정도다. 한마디로 그들은 광적이다.

광신주의는 맥락을 해친다. 1992년산 스크리밍 이글은 어째서 8만 달러나 하는가? 샤또 무똥 로칠드 한 병이 114,000달러나 하는 이유는? 와인 전문가들이 그렇게 정했기 때문이다. 그들은 맥락을 만들고 가치를 정의한다. 보통 와인 한 병을 4온스씩 따르면 총 여섯 잔이 나온다. 스크리밍 이글은 한 잔당 1만 3천 달러, 샤또 무똥 로칠드는 1만 9천 달러나 하는 셈이다. 와인 애호가들이 값비싼 와인을 소장함으로써 커다란 성취감을 느끼는 이유도 이해할 만하다. 하지만 스크리밍 이글을 19.95달러짜리 싸구려 와인과 바꿔치기한다면 어떨까? 와인 전문가들을 속이기는 불가능하지 않을까? 그들은 곰보다 후각이 발달했고 '싸구려'라면 저 멀리서도 냄새를 맡을 수 있을 테니까.

그렇지 않다.

유럽의 뇌 연구원들도 똑같은 의문을 가졌다. 그들은 와인 시음의 메카라고 할 수 있는 프랑스 보르도에 있는 보르도 대학교로 가서 흥미로운 실험을 했다. 와인 마니아들은 레드 와인과 화이트 와인을 완전히 다르게 여기고 완전히 다르게 묘사한다. 하나는 태양으로, 하나는 달로 표현한다. 연구진은 화이트 와인에 아무런 맛과 냄새가 없는 적색 염료를 몇 방울 떨어뜨려서 레드 와인처럼 보이게 만들었다. 보르도 대학교의 와인 전문가들에게 그 와인을 맛보게 했더니 흥미로운 결과가 나타났다.

와인 전문가들은 속임수에 완전히 넘어갔다. 그들은 전부 그것을 레드 와인이라고 생각했으며, 레드 와인에 어울리는 표현으로 냄새와 맛을 설명했다. 과학 분야의 저자인 제이 A. 고트프리드Jay A. Gottfried와 레이먼드 J. 돌런Raymond J. Dolan은 그 결과를 이렇게 설명했다. "인간의 후각은 별로 정확하지 못하지만 시각 신호에서 큰 도움을 받는다. 이것은 시각과 후각 사이에 중대한 감각 통합이 이루어짐을 말해준다." 다시 말해서 우리는 눈에 보인다고 생각하는 대로 믿는다.

시각적 인식은 인식에 도움을 줄 뿐 아니라 '정의한다'. 조슈아 벨이나 와인 전문가들이나 어쩔 수 없는 상황이었다. 아무리 똑똑하고 학벌이 대단하거나 재능이 뛰어난 사람이라도 맥락을 보지 못하면 속을 수밖에 없는 냉혹한 현실이다.

투자 무대

투자의 맥락이 극단으로 옮겨가면 진짜 동기를 발견할 수도, 정의할 수도, 다룰 수도 없다. 야망은 탐욕으로 잘못 분류될 때가 많다. 자기보호와 안전 욕구는 공포로 잘못 받아들여진다. 나도 탐욕스러운 사람을 몇몇 알고 있지만 하루도 쉬지 않고 절대적인 탐욕을 발동하는 사람은 한 명도 없다. 어쩌면 당신은 그보다 탐욕스러운 사람을 알고 있을 수도 있지만. 두려움이 많은 사람들도 몇몇 알지만 눈에 보이지 않는 적을 피해 하루 종일 숨는 사람은 없다. 탐욕과 공포의 개념에 의존하는 것은 잘못된 방향으로 감정을 이끄는 무책임한 행동이다. 일단 대화에서 방향 왜곡이 이루어지면 무시무시한 바이러스처럼 퍼져 나가 치료는커녕 봉쇄할 수도 없다. 금융 팩토리는 고객이 애초부터 잘못된 논쟁에서 이기도록 이야기를 도구 삼아 투자 용어를 조작한다.

도대체 왜 그렇게 대화를 왜곡하는 데 혈안이 되어 있을까? 막대한 수익성 때문이다. 그래서 감정에 호소하는 투자 상품들이 마구 쏟아진다.

각본

재무설계사들이 똑같은 문구를 인용하고, 똑같은 책을 읽으며, 똑같은 금융 상품을 추천한다는 사실을 아는가? 똑같은 처방전이 어떻게 모든 사람에게 맞을 수 있을까? 페니실린에 알레르기가 있다면 어쩌려고? 그러나 아무도 물어보지 않는다.

금융 팩토리는 모든 고객이 똑같다고 가정한다. 모든 고객이 보험을 필요로 하고, 저축을 해야 하며, 주식에 투자해야 하고, 인플레이션은 무서운 것이라고 말이다. 금융 팩토리는 20년 후의 은퇴 상황을 예측해 고객마다 똑같은 은퇴 설계서를 만들고 맨 마지막에 엄청난 고백을 한다(그들이 '면책조항'이라고 부르는 것이다).

"과거 실적으로 미래 결과를 예측할 수 없습니다."

당신의 20년 후를 예측해놓은 페이지에 그 내용에 의존하지 말라고 적어놓는다는 뜻이다. 금융 팩토리 군단은 전부 이렇게 모순적인 방식을 훈련 받는다.

CFP(재무설계사) 자격증은 중요하다. 직업에 대한 헌신도를 보여주기 때문이다. 그러나 안타깝게도 전문 자격증이나 경력에 상관없이 누구나 스스로 재무상담사라고 칭할 수 있다. 보험 회사 직원, 주식 중개인, 그 밖에 많은 재무상담사들은 판매 신용도를 높이기 위해 '재무설계사'라는 명칭을 사용한다. 일반적인 재무설계는 유용한 지도가 아니라 '사실을 찾는 임무'에 가깝다. 어디로 상품을 겨냥해야 할지 정확하게 보여준다. 사려 깊은 도움으로 위장했지만 그저 세일즈일 뿐이다.

당신의 재무상담사는 분명히 돈 관리 분야의 전문 교육을 받았을 것이다. 하지만 훌륭한 조언자가 되려면 그것은 출발점에 불과하다. 자신이 먼저 삶에서 조언을 얻어야 남에게 훌륭한 조언을 해줄 수 있다. 혼란과 시련을 직접 겪어본 사람이 고객의 미래를 예측할 수 있는 더 나은 자격이 있다. 여우굴에서 살아남는 법을 가르치려면 직접 여우굴에 들어가 본 적 있는 사람이 낫다. 훌륭한 투자자가 초보 투자자들이 돈으로 살 수 없는 소중한 가르침을 깨우친 것처럼, 훌륭한 재무설계사는 인생 경험이 있는 사람이어야 한다.

따라서 금융 팩토리 안에서는 인생 경험을 가르쳐줄 수 없다. 그러나 훌륭한 조언자가 되려면 인생 경험은 필수다. 인생 경험은 배울 수 없으며 오직 직접 삶을 살아내야만 가능하다. 의대생들이 종이 인형으로 실습하지 않는 이유도 마찬가지다. 그들은 진짜 피부를 만지고 느끼고, 실제 기관의 질감과 모양을 알아야 하며, 냄새를 직접 맡아봐야만 한다. 병원에서는 사람의 생명이 왔다 갔다하는 만큼 위험 부담이 큰 데다 가족들이 의사의 손을 절대적으로 신뢰하기 때문이다. 재무상담사의 손에 걸린 책임도 비슷하다. 고객이 라이프스타일을 지켜달라고 부탁하는 것이니까.

금융 팩토리 군단

금융 팩토리는 월스트리트는 물론 증권 회사, 학문 기관, 금융 상품, 금융 미디어, 로비스트, 401(k) 투자 단지 등에 널리 퍼져 있다. 금융 팩토리는 관점이 있다. 당신을 질적인 존재가 아닌 양적인 존재로 만들려고 강요하는 관점이다. 그들은 아무리 돈이 많아도 더 많아야 한다고 말한다.

양이 의사결정을 통제하면 무리한 투자를 하게 되므로 위험도 커진다. 금융 팩토리는 부자가 되고 싶은 야망을 가진 사람들, 즉 당신이 이미 가진 부를 꿈꾸는 이들에게 적합한 방식을 당신에게 강요한다. 부자가 되고 싶은 야망을 가진 사람들은 계속 좋은 투자 기회를 찾아 나선다. 안타깝게도 그와 똑같은 행동을 하는 부자들이 많다. 금융 팩토리와 고객의 단절을 보여주는 부분이다. '다음' 투자를 절박하게 찾아나서는 부자에게 그만두라고 조언해주는 사람은 아무도 없다. 그들이 이미 경주에서 이겼다고 일러주지 않는다.

내 고객들을 깜짝 놀라게 만드는 질문이 있다. 독자들에게도 물어보겠다.

"당신은 자신이 승자라는 사실을 알고 있습니까?"

경주는 끝났다. 당신이 이겼다. 지금 당신은 수익을 위해 투자할 필요가 없다. 그 대신 당신의 라이프스타일을 유지할 수 있도록 부를 배분해야 한다. 당신은 지금 갈림길에 서 있는 것이나 마찬가지다. 갈림길에서는 결정을 내려야만 한다. 한 번에 두 길로 갈 수는 없다. 좌회전하거나 우회전하거나 둘 중 하나다. 혹은 제자리에 그대로 있거나. 그런데 금융 팩토리는 부자들이 오직 자신들이 안내하는 한 길을 선택하도록 장려하고 애쓴다. 바로 과잉 투자의 길이다.

과잉 투자의 길이 위험한 이유는 돈이 더 필요하다는 가정 때문이다. 그 길은 당신이 지금 가진 것으로 충분하지 않다고 가정한다. 당신이 아직 경주에서 이기지 않았다고 말이다. 승자는 결승점을 지나 계속 달리지 않는다. 만약 그런다면 관중들이 소리칠 것이다. "멈춰! 당신은 이미 이겼다고!"

이것은 금융 서비스 산업과 부자 고객의 단절 관계를 정확히 보여준다. 부자 고객에게는 다른 선택권이 있다. 당신은 그 선택권을 이해하는 전문가와 상담해야만 한다.

당신이 양적인 방식을 추구하는 재무설계사 앞에 앉아 있다고 해보자. 그는 예술에 대한 당신의 사랑을 전혀 헤아리지 못한다. 당신이 언젠가 갤러리를 열어 지난 20년 동안 틈틈이 그린 작품

50점을 전시하고 싶은 열정을 이해하지 못한다. 질적인 라이프스타일이므로 이해하지 못하는 것이다. 언젠가 기타를 배워 CD를 녹음하고 세계를 돌며 연주하면서 살고픈 꿈이 있을 수도 있다. 예술성을 발휘하거나 자선활동을 하거나 여가를 즐기고 싶거나 꿈이 무엇이든 간에 당신은 자신의 행복을 지키는 사람이다.

양적인 방식은 오직 숫자에만 집중하게 만든다. 반면 질적인 방식은 행복에 집중한다. 행복에 필요한 목표를 위해서 재무설계가 이루어진다.

해로운 조언 때문에 고통받는 부자들을 자주 본다. 그들에게는 처음부터 부를 쌓는 것이 아니라 이미 쌓은 부를 지키는 데 집중하는 새로운 투자 관점이 필요했다. 만약 그들이 자립 포인트(나중에 자세히 살펴볼 예정이다)를 이해했다면 위험을 조금만 무릅쓰고 많은 것을 지킬 수 있었으리라. 하지만 그들은 경주를 멈추지 않았고 훨씬 큰 대가를 치러야 했다.

투자를 멈추지 않으면 자신이 승자라는 사실을 잊어버린다. 자신을 행복하게 해주는 것들에 집중할 수 없다. 꿈도 계속 미뤄지기만 한다. 결승점을 지났다는 사실을 알아야 한다.

부자로 가는 경제학

안에서 바라보는 관점

"사기꾼 주식 중개인들이 사기꾼 증권 회사가 되었다."

애틀랜타의 채권 변호사 팻 새들러Pat Sadler에게 들은 말이다. 새들러는 25년 동안 금융 팩토리에 투자를 강요받은 투자자들을 맡아왔다.

"고객들은 대부분 그들의 계좌가 증권 회사의 월 경비를 충당하려는 목적으로 개설된다는 사실을 모른다"라고 새들러는 말했다. 그는 기업이 법적 책임을 줄일 목적으로 위험에 관한 질문지와 위험 내성과 변동성에 대한 대화가 만들어진다고 설명한다.

당신의 자금이 계좌로 들어가는 순간부터 '모든 상황에 천편일률적인' 접근 방식이 실행에 옮겨진다. 전통적인 투자자문 회사는 모든 고객들과 정확히 똑같은 방식으로 당신의 돈을 관리한다. 겉으로는 무슨 말을 하든 그들은 고객의 구체적 상황을 전혀 고려하지 않는다. 그들은 부자들을 위해 기꺼이 미리 비용을 투자한다. 부자 고객을 유치하려고 세일즈 과정에 돈을 쏟아붓는다.

전직 인터넷 기업 임원을 인터뷰하면서 그 사실을 분명히 알 수 있었다. 그의 이름을 토머스라고 해보자.

토머스는 글로벌 기업을 설립하고 매각하는 과정에서 엄청난 부자가 되었다. 그는 부를 지키는 비결에 대한 강의를 해도 될 만큼 뛰어난 통찰력을 가졌다.

토머스에게 처음부터 이야기해달라고 부탁했다. 우선 사모 펀드와 자산 관리 기업들이 어떻게 그를 찾아왔는지 물었다. 그는 처음부터 부자가 아니었다. 부잣집 출신도 아니고 월스트리트와도 아무런 관계가 없었다. 토머스에 따르면 그와 파트너가 회사를 매각한다는 소문이 퍼진 순간부터 전화통에 불이 나기 시작했다. 전화를 건 사람들은 토머스가 얼마를 원하고, 언제 받고 싶은지도 전부 알고 있었다. 은행과 사모 펀드, 보험사, 개인 자산 관리 회사의 밀접한 관계가 드러나는 부분이다. 그렇다. 신흥 부자로 이름을 올리는 사람은 곧바로 금융 팩토리의 레이더망에 포착된다.

토머스가 아직 돈을 실제로 손에 거머쥐기도 전이었다. 역시나 금융 팩토리는 성실하게 숙제까지 끝마쳤다. 자산 관리 매니저는 토머스가 골프를 즐긴다는 사실을 알아내 네 명이서 골프를 치자고 했다. 그런데 네 명 중 한 명이 세계 정상급 골프 선수 프레드 커플스^{Fred Couples}라는 것이었다. 심리를 이용한 교묘한 대응이었다. 체스 실력으로 치자면 세계 챔피언 바비 피셔^{Bobby Fischer}에 버금간다.

금융 팩토리는 당신의 열정과 비슷한 경험을 공유하려고 한다.

그러면 주고받음에 대한 의식이 커지기 때문이다. 한번 생각해보라. 토머스가 살면서 프레드 커플스와 골프를 칠 기회가 있었을까? 당연히 없다. 프레드 커플스와 골프를 친 경험은 토머스와 자산 관리 매니저 사이에 유대감을 형성해준다. 실제로는 존재하지도 않는 관계인데 말이다. 당신이 전설적인 인물과 잊을 수 없는 경험을 한다면 그 행복한 기회를 만들어준 장본인을 더욱 믿고 선뜻 막대한 자금을 맡기리라. 정말 굉장한 전략이다.

골프 경기 이후 토머스와 아내는 주말 뉴욕 여행을 제의받았다. 모든 경비가 공짜에 왕족 같은 대우가 뒤따랐다. 이제 단 한 번의 만남이 남았다.

미팅

토머스는 세련되게 차려입은 전문가들과 나란히 테이블에 앉았다. 그 날의 미팅은 이렇게 시작되었다.

"이 자리에 모시게 되어 영광입니다. 이렇게 젊은 나이에 성공한 분은 정말 드물지요. 축하드린다는 말로도 모자랍니다."

그리고 소개가 이어졌다. "저희 팀을 소개해드리겠습니다. 여기 있는 캐시는 유능한 부동산 설계사입니다. 경험이 풍부하죠. 수 년 동안 부유층 고객들에게 소중한 통찰력을 제공해왔습니다. 이 시점에서 토머스 씨의 질문은 달라질 것입니다. 캐시는 모든 질문에 답해드릴 수 있습니다." 재무설계 전문가들에서 투자 '전문가들'에 이르기까지 소개가 쭉 이어졌다. 그런 다음 아마추어를 반박하기라도 하듯 대화 주제가 약간 바뀌었다.

자산 관리 매니저 대표가 몇 가지 단언을 했다. 첫 번째는 자산을 증식하고 지키는 방법을 모르는 신흥 부자들이 많다는 것이었다. 둘째는 부를 축적하는 능력은 지키는 능력과는 다르며 전문가의 도움이 필수라고 했다. 셋째, 그 자리에 앉은 사람들 중에서 그들의 제안을 거절한 사람은 소수에 불과하며 결과적으로 큰 고통을 겪었다고 했다.

토머스는 기회를 거절한 소수 중 한 명이 되기로 했다. 기업 투자로 돈을 벌었으니 앞으로도 그렇게 하기로 결심했다. 물론 지성과 자신감 넘치는 전문가들이 모인 압도적인 분위기 속에서 거절하기는 영 마음이 불편했다. 어쨌든 그들은 무척이나 친절하니까. 하지만 도축장에서는 채식주의자라도 손에 피가 묻을 수밖에 없는 법이다. 토머스는 과감히 금융 팩토리의 제안을 거절했다. 물론 지금도 여전히 부자다.

웃는 얼굴

부자는 어딜 가든 웃는 얼굴을 만난다. 예전에는 정신 나간 사람 취급을 받다가도 부자가 된 이후에는 독창적이라는 평가로 바뀐다. 돈이 있으면 은행 브로슈어에 적혀 있지도 않은 서비스를 제공받는다. 자동차 딜러들은 부자가 들어오는 순간 기쁨의 눈물을 흘리고 재무설계사들은 절대로 "이제 그만"이라고 말하는 법이 없다. 그들에게 그것은 네 글자로 된 저주의 말이다.

돈은 말보다 능력이 뛰어나다. 돈은 세상에서 가장 아름다운 멜로디를 낸다. 돈이 노래를 부르면 다들 따라 부르기를 원한다. 현대 사회는 만족을 모르는 소비주의를 기반으로 하는 까닭이다. 소비는 절대로 내어주지 않는다. 받기만 한다. 그러나 서서히 **빼**앗으므로 사람들은 그 위험성을 쉽게 잊어버린다.

소비를 지구 전체를 담당하는 24시간 고객 서비스 데스크에 비교해보자. 어디서나 최고의 개별 서비스를 제공한다. 고객 서비스 관련 정책은 단 하나뿐이다. 고객이 언제 무엇을 원하든지 대가를 받고서 주는 것.

돈 있는 사람들이 남다른 대접을 받는 데는 그만한 이유가 있다. 타인에게 위화감을 발생시키지만 않는다면 그다지 나쁜 일도 아닐 것이다. 하지만 돈은 진실을 듣기 어렵게 만든다. '돈을 계속 만족시켜' 긍정적인 소비를 일으키기 위해서 모든 것이 왜곡되기 때문이다. 상업의 가능성을 활짝 열어주는 금융 수단인 돈이 상식의 문을 닫아버린다니 참으로 잔인한 덫이다.

조장자

부자들의 세상에서 정직함은 멸종 위기에 처한 종과 같다. 대신 부자들이 잘못된 결정에도 만족하게 만드는 집단이 있다. '예스맨'이라고도 불리는 그들은 대개 조장자enabler로 알려져 있다. 조장자는 어디나 있다. 그들의 목적은 오직 부자들이 잘못된 조언에 따른 결정이 가져올 부정적인 결과를 조금이라도 늦게 맞닥뜨리도록 돕는 일이다. 역설적이게도 부정적인 결과를 피하려고 할수록 실제로 맞닥뜨렸을 때 고통이 커진다.

어떤 조장자들은 당신을 계속 달리게 만들어 결승점이 있다는 사실도 잊어버리게 한다. 가장 위험한 조장자들은 당신에게 하는 이야기를 실제로 믿는 사람들이다. 물론 그 이야기는 너무도 훌륭하다. 들으면 들을수록 굉장하게 들린다. 당신은 그 이야기 속에 자신을 대입시키면서 승리감을 느낀다. 그리고 가능성이 보이기 시작한다. 하지만 문제가 하나 있다. 당신은 이미 성공했고, 이미 승리를 거두었다는 것이다. 당신은 이미 이겼다. 그러나 조장자는 앞으로 맛봐야 할 달콤함이 남아 있다고 말한다.

어떤 조장자들은 가짜 심리학자들이다. 그들은 전문가들처럼 설득과 인간 행동에 관해 꿰고 있다. 그래서 유능한 조장자는 당신의 말을 중간에 자르고 자신의 생각 쪽으로 대화의 방향을 바꾸기도 한다. 아직 첫 잔이 비지도 않았는데 두 번째 잔을 권한다. 당신의 약점을 미리 관리하는 예리한 기술도 있다. 당신이 시장에서 손을 떼면 안 된다고 생각한다면 조장자는 당신이 영원히 투자할 수 있는 방법을 찾아낸다.

알코올 중독자 갱생회Alcoholics Anonymous에 참여해본 적 있는 사람이라면 조장자가 어떤 사람인지 너무도 잘 알 것이다. 조장자는 해로운 음주 습관을 긍정적으로 왜곡시킨다. 한 잔만 마셨는데 숫자가 많아졌다거나 음주운전이 순간적인 판단 실수라거나 하면서 말이다. 명백한 증거가 눈앞에 나타나도 그들은 당신을 위해서 출구와 핑계거리, 기발한 은폐 방법을 찾아낸다. 조장자는 정지 표지판을 모조리 없애버리고 접촉 사고를 상대방의 잘못으로 몰아간다.

또한 조장자는 완벽하게 잘못된 타이밍에 등장하는 법이다. 그들의 인풋은 강력하다. 쥐약의 90퍼센트는 인체에 무해한 옥수수 가루라고 알려져 있다. 나머지 10퍼센트를 차지하는 스트리크닌 성분이 강한 독성으로 쥐를 죽음에 이르게 한다. 조장자는 스트리크닌과도 같은 존재다.

기존의 재무설계사들은 부자들에게 살랑거리는 조장자들이다. 심하게 들릴 수도 있으므로 정확한 맥락에서 비판하도록 하겠다. 경영대학원이나 증권 회사, 재무설계 프로그램은 전부 학생들에게 '자산을 최대화해야만 행복해질 수 있다'는 불가해한 철학을 주입시킨다. 말했듯이 그들은 팩토리다. 공장에서는 매일 하루 종일 조금도 다르지 않고 똑같은 제품을 찍어내지 않는가.

금융 상품은 우리를 기분 좋게 만들어주지만 실제로는 이롭지 않다. 사람들이 오래된 신발을 신고 낡아빠진 자동차를 계속 타며 30년이나 된 스웨터를 내다버리지 않는 이유는 딱 한 가지, 기분을 좋게 해주기 때문이다.

새로운 금융 상품도 그러한 목적으로 만들어진다. 관심을 받는 것 같은 따뜻한 기분이 들게 해준다. 새로운 펀드에 가입했다는 사실은 우리를 기분 좋게 해준다. 사람들은 어떤 주식이 뜨기 전에 처음부터 투자하는 것을 좋아한다. 스스로 똑똑하다는 느낌이

드는 것을 좋아한다. 새로운 금융 상품은 남들보다 뒤처지지 않으려면 꼭 가지고 있어야 하는 아이폰이나 똑같다.

백화점 마네킹

사실 금융 전문가들이 이해가 되기도 된다. 금융 학교에서 백화점 마네킹 같은 전문가들을 육성하기 때문이다. 유연성이 없다고 마네킹을 탓할 수 없다. 원래 그렇게 만들어진 것이니까. 마네킹은 오직 사람들이 입혀준 옷만 입는다. 주어진 패션 스타일만 광고할 뿐이다. 어쩔 수 없이 시키는 대로만 해야 한다. 금융 관련 학위를 가진 따뜻한 온기가 있는 말하는 마네킹을 상상해보자. 그것이 바로 일반적인 재무상담사의 모습이다.

그러한 유형은 일시적으로는 효과가 있다. 데이브 램지Dave Ramsey, 클라크 하워드Clark Howard, 수지 오먼Suze Orman은 부자가 되고 싶은 야망을 가진 사람들에게는 완벽한 조언자들이다. 〈패스트 머니Fast Money〉나 짐 크레이머의 〈매드 머니Mad Money〉, CNBC의 〈스쿼크 박스Squawk Box〉 같은 TV 프로그램은 부자가 되고 싶은 야망을 활활 불태운다. 따라서 이미 부자가 된 당신에게는 맞지 않는다. 정말로 중요한 것은 재무상담사가 괜찮은 제안을 하느냐가 아니라 부자 고객인 당신에게 맞는 조건을 갖추었느냐다.

쏠림 현상

금융 팩토리가 강력한 이유는 패턴을 찾으려는 본성을 가진 인간에게 패턴을 제공하기 때문이다. 인간은 창의적인 것보다는 반복을 선호한다. 광고 회사들도 그 점을 잘 알기 때문에 막대한 광고비를 들여 인지도 높은 스타들을 모델로 내세운다. 사람들은 유명 스타가 입은 티셔츠와 똑같은 티셔츠를 사려고 줄을 선다. 광고자들이 패턴을 시작하고 소비자가 완성하는 것이다. 패턴과 반복에서 위안을 찾고자 하는 욕구를 잘 보여주는 사례가 있다.

세계과학페스티벌World Science Festival은 매년 창의적인 과학자들이 한자리에 모이는 행사다. 놀라울 정도로 다양한 사람들이 참석한다. 2009년 6월 12일에 열린 페스티벌에서는 '음표와 뉴런 : 하나의 화음을 찾아서'라는 다소 뜻 깊은 주제가 소개되었다. 음악에 대한 반응이 두뇌에 배선된 것인지, 문화적으로 규정된 것인지, 리듬과 멜로디에 대한 인간의 반응은 보편적인지, 혹은 환경의 영향을 받는지 등 중대한 질문이 던져졌다. 특히 인간은 한 번도 듣거나 본 적 없는 신호에 어떻게 반응할 수 있는가? 체계적인 철학으로 시스템을 알아차리고 참여하고자 할 때 그 구조는 삶의 다른 영역으로 어떻게 전달되는가? 이러한 질문에 대한 의미 깊은 답이 나온 자리였다.

패널로 참여한 아티스트 바비 맥페린Bobby McFerrin이 패턴에 대한 반응이 타고난 것인지 문화적으로 규정된 것인지에 보여주기 위해서 무대에 올랐다. 맥페린은 세계적으로 유명한 재즈 보컬리스트다. 하지만 그 명칭이 그의 재능을 전부 담아주지는 못한다. 맥페린은 라이언 킹에 가까운 감수성을 음악에 접목시켜서 음표뿐만 아니라 태도와 캐릭터, 본성까지도 노래한다.

그가 무대 앞을 가득 메운 관중 앞에 섰다. 곧이어 제자리에서 위아래로 뛰어오르기 시작했다. 점프하는 동안 하나의 음을 콧노래로 부르기 시작하고 관중들에게 따라 부르라고 했다. 관중들이 음을 따라 부른다. 그가 점프하는 속도가 점점 빨라지자 관중들의 콧노래도 빨라진다. 맥페린이 갑자기 왼쪽으로 점프하자 자동으로 모두들 한 음 높은 소리를 낸다. 그는 2분 동안 무대에서 이리저리 뛰어다녔고 관중들은 다음 음을 추측하면서 한 목소리로 콧노래를 불렀다. 그들은 정확하게 한 목소리로 노래했다. 맥페린은 첫 두 음만 알려주었을 뿐 나머지는 알려줄 필요가 없었다. 수백 명이나 되는 사람들이 정확하게 나머지를 채웠다.

도대체 어떻게 그럴 수 있었을까?

행동 금융학에서는 경제에 관련된 의사결정에 영향을 끼치는 사회적, 인지적, 정서적 요인을 연구한다. 맥페린의 사례에서 보이듯 인지가 의사결정에 끼치는 영향을 설명해주는 이론이 있다. 바로 쏠림 현상herd behavior이다.

용어에서 짐작할 수 있듯이 쏠림 현상은 개인들이 계획하지 않고서 똑같은 행동을 하는 현상이다. 관찰 가능한 행동이 본격적인 시작이 되고 나머지는 군중들이 알아서 한다. 홀로 남겨지지 않고 어딘가에 소속되고자 하는 욕망은 자신만의 목소리를 표현하고자 하는 욕망보다 훨씬 강하다.

수많은 관중 속에서 30명이 다른 음으로 노래했다고 해보자. 맥페린이 낸 음과 다른 소리를 냈다면 그들이 잘못되었다고 할 수 있을까? 그렇지 않다. 그렇다면 나머지 사람들에게 부정적인 모습으로 비추어졌을까? 그렇다. 그저 자신만의 '열정'을 표현한 것뿐인데 어울리지 않는 불협화음처럼 들렸을 것이다. 남과 다르려면 자신감이 필요하다. 하지만 다른 음으로 노래하는 것을 두려워하지 않는 사람들에게 최선의 결과가 나오는 법이다.

보트 여행을 떠난 사나이

친구가 IBM 임원과 한 보트 여행 가이드에 대한 흥미로운 이야기를 들려주었다. IBM 임원은 새로운 영감과 동기부여를 위해서 7천 달러를 들여 콜로라도 강으로 보트 여행을 떠났다. 그의 여행에는 보트 여행 가이드가 함께했다. 그는 매일 똑같은 일상에 지친 데다, 스스로를 위기에 빠뜨릴 수도 있는 '터널 시야(일반적으로 운전자는 터널에 들어가면 멀리서 빛을 발하는 출구만을 보고 달리게 된다. 이처럼 눈앞의 상황에만 집중하느라 주위 현상을 이해하거나 제대로 파악할 수 있는 능력이 떨어지는 현상-역주)'를 벗어날 방법을 찾는 중이었다. "좋은 학교를 나와 좋은 직장에 취직해서 열심히 일하고 돈을 벌고 저축을 하고 은퇴한다. 하지만 은퇴한 후에는 늙어서 인생을 즐기지 못한다"라는 생각 때문이었다.

그는 집 두 채의 대출금도 남았고 아이들은 비싼 사립학교에 다니는 데다 아내는 생각도 없이 펑펑 돈을 써댄다고 불평했다. 그러면서 가이드에게 당신은 늘 여행하는 기분으로 살 수 있으니 얼마나 좋으냐고 부러워했다. 가이드는 며칠 동안 그 임원의 배부른 소리를 듣자니 짜증이 났다. 그는 최대한 예의를 차려서 짧게 한마디 했다. "나는 마흔둘에 은퇴했지요." 임원은 깜짝 놀라 보트에서 떨어질 뻔했다.

그 임원은 다들 그렇듯이 어릴 때부터 부모님 말을 잘 듣고 열심히 공부해서 다음 단계로 올라가라고 교육받았다. 하지만 그렇게 해서는 아무도 말해주지 않는 인생의 현실과 스트레스, 실망, 놀라움에 대비할 수 없다. 그의 문제는 '커리어'라는 30년 여행을 오래된 지도를 보고 계획한 것이었다. 그 지도는 새로운 길을 개척해도 된다고 말해주지 않았다. 구조적 변화로 길이 바뀌었다거나 나이 들수록 시장에서의 가치와 기회도 줄어든다는 사실을 알려주지 않았다.

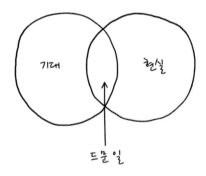

결과적으로 그는 자신의 커리어가 일찍이 계획해놓은 것과 조금도 비슷하지 않아 충격이었다. 질병, 사고, 움푹 팬 구멍은 지도에 나오지 않는다. 지도는 과거 상태지 미래 상태를 나타내지 않는다. 그는 집 두 채, 자동차 네 대, 값비싼 취미 용품이 있으면 행복하리라고 생각했다. 하지만 아니었다. 새로운 영감과 동기부여가 필요해서 7천 달러나 들여 콜로라도 강을 여행하는 중이던 것이다. 모순적이게도 그보다 수입도 적은 보트 여행 가이드가 인생에 대해 훨씬 잘 알았다. 가이드는 인생의 소박함과 의미 있는 시간의 가치를 알았다.

나에게는 전직 파일럿 출신의 재무설계사와, 의사였다가 재무설계사로 전향한 친구가 있다. 나는 그 두 사람이 본래 금융 팩토리 출신보다 훨씬 낫다고 생각한다. 그들은 사물을 다른 시각으로 본다. 이는 훌륭한 설계사가 갖추어야 할 가장 중요한 기술인지도 모른다. 학교에서는 제대로 배울 수 없다. 제대로 조언하는 방법도 학교에서 배울 수 없다. 물론 몬테 카를로나 은퇴 설계, 채권과 주식 시장의 원리, 기본 과세, 보험 상품 등에 대해 배울 수는 있을 것이다. 기계가 어떻게 돌아가는지도. 그러나 기계를 사용하지 말아야 할 때나 기계 자체에 생긴 결함을 알아보는 방법은 가르쳐주지 않는다.

재무설계사들은 고객이 각본에 따라 상품을 구입하면 돈을 번다. 그렇기 때문에 그들은 열정을 좇아 원하는 삶을 살라고 당신을 격려해주기보다는 겁에 질려 투자하게 만든다.

분명한 시야

이 책은 책 읽을 때 필요한 돋보기 안경이다. 앞으로 금융 산업은 변하지 않겠지만 당신의 관점은 변할 것이다. 시야가 날카로워지고 차이가 더욱 확실하게 보인다. 투자 조언의 맥락도 분명해질 것이다. 동기가 수면으로 드러날 것이다. 당신은 이제 지하철역의 거리 악사 조슈아 벨을 그냥 지나치지 않을 것이다. 다른 사람들이 모르는 것을 알아챌 수 있을 테니까.

결승점이 난데없이 나타난 것처럼 보이지만 단언하건데 그것은 계속 그 자리에 있었다. 지금부터 당신에게 보이기 시작하는 것일 뿐.

금융계의
마약 판매상과
달 위의 집

현대의 금융 설계 모델과
불법 마약 판매상은 너무도 비슷해서 비교하지 않을 수 없다. 둘
다 고객을 홀리는 상품, 뛰어난 세일즈맨십, 효율적인 배급 시스템
을 필요로 한다. 일시적인 황홀감 때문에 미래를 포기하고 돌진한
다는 점도 똑같다.

마약 판매상들은 인간의 본성을 적극 활용한다. 우선 그들은
논리에 우선하는 상품을 만든다. 둘째, 그 상품은 언제 어디서나
사용 가능하다. 셋째, 그들은 마케팅, 마케팅, 또 마케팅을 한다.

그들은 고객이 한 번 경험을 하게 되면 언제까지나 원초적인 황홀감을 좇을 것임을 잘 안다. 결코 손에 넣을 수 없는 것을 영원히 찾으려고 할 것임을.

대부분의 금융 기업도 비슷한 전제로 돌아간다는 사실을 알고 있는가? 물론 그들은 더욱 정교한 패키징을 활용하고 거리 모퉁이에서 거래하지는 않는다. 물론 아직까지는 그렇다는 말이다. 그리고 그들은 '수익'이라는 이름의 마약을 판다.

수익률이라는 마약

수익은 중독성 있는 마약이다. 누구나 그것을 원한다. 수익이 날 수만 있다면 무엇이든지 하려고 한다. 30달러 주고 산 주식이 60달러로 오르면 엄청난 황홀감이 몰려온다. '역시 난 똑똑해. 내가 옳았어'라는 생각이 들 것이다. 그리고 스스로 자신에게 유리한 맥락을 만들기 시작한다. 맥락의 강력한 효과는 제4장에서 다시 확인할 수 있다.

투자자들은 일단 수익을 '복용'한 후에는 중독자처럼 또다시 '최상품'을 찾아 나선다. 돈이 정말로 필요한지는 상관없다. 부자에게는 수익률이 아니라 위험률이 중요하다고 조언해주는 사람은 아무도 없다.

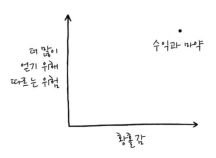

중독으로 이어지는 길

전통적인 재무설계는 1990년대 후반에 심각한 문제와 맞닥뜨렸다. 10퍼센트라는 기준이 주식 수익률^{equity rate of return}로 알려지기 시작한 때다. 주식 투자로 매년 10퍼센트의 수익률을 낸다는 개념이었다. 그러나 10퍼센트 자체보다 10퍼센트의 편차가 중요해졌다. 닷컴 열풍이 불었을 때 시장 수익률에 대한 기대는 너무도 지나쳤다.

컴퓨터 시대와 함께 재무설계 소프트웨어가 등장했다. 에피션트 프론티어^{Efficient Frontier}, 몬테 카를로 같은 프로그램이 금융 산업에 침투해서 가짜 안전 의식을 퍼뜨렸다. 이 프로그램을 작동시켜 가상의 투자로 '최고의' 포트폴리오 구성을 찾을 수 있었다. 실로 마법과도 같아 중독성이 강했다. 마약이었다.

다수의 소프트웨어가 자산 100퍼센트를 신흥 시장의 소자본 펀드에 집어넣었다. 최첨단 소프트웨어가 쓰레기라는 사실은 분명했다. 그러나 당시 학계에서는 그러한 자본 할당이 용인 가능한 부작용이라도 되는 듯 어깨를 으쓱하며 가정을 바꿔서 원하는 결과를 얻으라고 조언했다. 생각만 해도 으스스하다.

닥친 현실

2000년에 닷컴 거품이 붕괴하면서 주식 투자 수익률 10퍼센트에 라이프스타일을 의존해온 투자자들은 최악의 상태에 봉착했다. 수시로 변동하는 수익에 의존해서 장기 계획을 세우라는 데 속아 넘어갔기 때문이다.

재무설계사들은 부유층 고객들에게 다른 사람들처럼 수익을 내야 한다고 설득시켰다. 그렇게 볼 때 재무설계사나 주식 중개인들은 유능한 거리의 공급자들이다. 그들은 최고로 좋은 물건뿐만

부자로 가는 경제학

아니라 최고의 소프트웨어와 최고의 연구 자료, 최고의 예측표까지 갖추었다.

거래 도구

금융계의 마약 판매상들이 투자를 예측하는 모습은 마치 달에 있는 집을 판매하는 부동산 중개인이나 다름없다. 그들의 이야기는 너무도 달콤하게 들린다. 이야기를 들을수록 당신은 가능성이 충분하다고 믿기 시작한다. 그들은 논리가 닿지 못하는 수준으로 이야기를 끌고 간다. "달에서는 어디서 쇼핑을 하죠?"나 "달에서는 애들을 어느 학교에 보내죠?"라는 질문에는 답하고 싶지 않기 때문이다.

당신도 비슷한 이야기를 들어본 적 있을 것이다.

"우리는 당신의 목표를 소중하게 생각합니다. 당신이 꿈을 이룰 수 있도록 돕겠습니다. 당신이 목표를 이룰 수 있도록 똑똑하게 투자하겠습니다."

정말 근사하게 들리지 않는가? 게다가 재무설계사, 아니 마약 판매상은 (꼭 그럴 필요는 없지만 여기에서는 남자라고 해보자) 자기가 하는 이야기를 진심으로 믿는다. 흔들리는 당신 앞에 화려한 그래프와 차트를 꺼내 보여준다. 거기에 담긴 시장 수익률은 거절하기에는 너무나 매력적이다.

다음으로 그는 자기의 조언에 따른 덕분에 엄청난 수익을 올린 고객의 경험담을 말해줄 가능성이 크다. 당신도 그렇게 될 수 있다는 가능성을 암시한다. 또 다른 중독자를 끌어들이기 위해 모든 계획이 완벽하게 짜여 있다. 수익이라고 불리는 마약의 부작용에 대해서는 거의 언급하지 않는다. 손실 같은 부작용은 '과거 실적으로 미래 결과를 예측할 수 없습니다'라는 제목 아래 가려져 있다.

금융 팩토리는 끊임없이 새로운 상품을 만들어낸다. 모두 근사해 보이고 최소한의 위험과 엄청난 수익을 보장한다. 근래에는 아래와 같은 최악의 상품이 등장했다.

■ 헤지펀드

이해하기 어려운 일이지만 이름 없는 싸구려 표백제에 로고만 붙이면 값비싼 표백제로 탈바꿈한다. 이 '값비싼 표백제'의 최악의 보기는 헤지펀드다.

대부분의 헤지펀드 기업은 고객이 구입할 수 있는 것과 똑같은 증권을 구입한다. 그런데도 자기들이 고객보다 똑똑하므로 많은 수수료를 받아야 한다고 주장한다. 그렇지 않은가?

조지아 주 알파레타의 사립학교 교사 케이티 L. 챌런^{Katie L. Challen}은 이렇게 말했다. "교사에게 인센티브를 지급하는 것은 물고기한테 헤엄칠 수 있다는 이유로 보너스를 지급하는 것과 같다. 한마디로 말이 안 되는 처사다." 학생들의 성적표를 위조하는 교사와 헤지펀드 매니저를 비교한다면 약간 이상해 보일지도 모른다. 하지만 심리학적 유사성을 알면 한 가지가 확실해진다. 성과에 따른 인센티브에는 위험한 부작용이 따를 수 있다.

헤지펀드는 자산 집단이 아니라 보상 구조에 속한다. 실적에 따라 보상이 이루어지도록 설계되어 있다. 당신의 돈은 어디나 투자될 수 있다. 펀드 매니저가 받는 보상은 연평균 1.5퍼센트이며 목표 실적을 달성하면 추가 수익의 20퍼센트가 주어진다. 표면적으로는 인센티브가 주어지면 당연히 실적이 올라갈 것처럼 보인다. 학문, 스포츠, 직장 업무, 돈 관리 등에 뛰어난 사람은 당연히 보너스를 받아야 한다. 보너스가 많을수록 동기부여도 잘된다.

헤지펀드 매니저는 남들보다 잘하려면 창의력이 있어야 한다. 남들이 보지 못하는 것을 보고 먼저 기회를 포착해야 하며, 다들 수익을 올리지 못할 때 수익을 올리는 전략을 내놓아야 한다. 실력이 그냥 좋은 것이 아니라 끝내주게 좋아야 한다.

2009년 2월 22일자 『뉴욕타임스The New York Times』에는 '인덱스 펀드 또다시 이기다'라는 제목의 기사가 실렸다. 기사에 따르면 헤지펀드는 세금과 수수료, 경비를 제하기 전에 평균 수익률이 19퍼센트여야만 인덱스펀드를 누르고 수익률 10퍼센트를 달성할 수 있다. 그만한 능력을 가진 펀드 매니저를 찾기도 거의 불가능하지만 인센티브 자체가 당신의 부에 해로운 영향을 끼친다.

스티븐 D. 레빗Steven D. Levitt과 스티븐 J. 더브너Stephen J. Dubner는 저서 『괴짜 경제학Freakonomics』에서 낙제 학생 방지법No Child Left Behind Act이 가져온 의도치 않은 결과를 설명한다.

시카고 공립학교는 1996년에 성과급 인센티브 제도를 도입했다. 교사들은 성적이 좋지 않은 학생들에게 관심을 기울여야 했다. 게다가 아이오와 기초실력평가시험Iowa Test of Basic Skills에서 최소한의 점수를 받지 못하는 학생은 진급이 불가능해졌다. 교사들은 학생들의 성적에 따라 높은 인센티브를 받을 수 있었다. 그러자 편법을 쓰는 교사들이 나타났다. 레빗은 의심스러운 사례를 조사했다. 성과급 인센티브 제도가 도입된 1993년부터 2000년까지 실시된 1억 개의 시험 문제를 검토한 결과, 1996년에 평균 점수가 현저하게 상승했다. 학급과 교사에 따라 신중하게 결과를 재검토했다. 시카고 공립학교는 편법이 의심되는 학급에 대해 재시험을 치르도록 했다. 재시험은 몇 주 후에 치러졌다. 그 결과 학생의 성적을 속인 것으로 의심되는 교사의 숫자가 예상보다 크게 줄어들었다. 그로부터 10년도 채 되지 않아 애틀랜타 공립학교에서도 성적 위조 사건이 발생했다.

대니얼 핑크Daniel H. Pink도 저서 『드라이브Drive : The Surprising Truth About What Motivates Us』에서 인센티브의 의도하지 않은 결과에 대해 이야기한다. 우리는 원해서 운동을 하고, 기분이 좋아져서 남을 도와주며, 재미있어서 퍼즐 게임을 한다. 그런데 재미있어야 할 일에 돈이 지불된다면 어떻게 될까? 놀이가 아니라 일이 되어버린다. 돈을 받고 퍼즐을 푸는 아이들은 재미로 하는 아이들보다 느리다. 돈을 받고 책 세 권을 읽는 아이들은 네 번째 책을 읽으려고 하는 경우가 드물다. 목표 실적을 달성한 세일즈맨은 어김없이 칼퇴근한다. 기업 임원들은 목표 매출을 맞추려고 분기별 매출을 조작한다. 월스트리트의 실적에 따른 보너스 제도는 비단 미국뿐만 아니라 세계 경제를 파탄낼 뻔했다. 돈은 목표가 연결되어 있을 때 나쁜 영향을 끼칠 수 있다.

그 이유는 무엇일까? 목표는 터널 시야를 만들기 때문이다. 미리 정해진 결과가 초점을 좁힌다. 목표는 위험 가능성을 증가시킨다. 비윤리적이고 이기적인 행동의 가능성도 높아진다. 그리고 목표는 포도당처럼 중독성이 있다. 단기적 사고로 잘못된 선택과 결과를 일으킬 수 있다.

자산 관리 매니저가 당신을 위하게 하려면 고정 수수료를 지불하라. 그가 자기를 위하게 만들려면 인센티브 수수료를 지급하라.

내가 헤지펀드를 싫어하는 이유는 지금까지 번지르르한 약속에 실망한 사람들을 수없이 보았기 때문이다.

■ **보험 투자 상품**

심각한 손실을 입은 부유층 고객은 보험 '투자' 상품에 당하는 경우가 많다. 대부분은 가장 유력한 용의자다. 보험 투자 상품은 저마다 겉모습은 다르지만 당신의 자립에 독약이 된다는 점에서는 똑같다.

현재는 종신 보험, 유니버설 보험, 변액 유니버설 보험, 변액 연금, 고정 연금 등으로 불리지만 마케팅 부서는 어두운 과거를 감추기 위해 항상 새로운 이름을 고안한다.

보험 투자 상품은 우리의 지성을 조롱한다. 논리적으로 공존할 수 없는 단어를 같이 써서 마케팅해야 하기 때문이다. 자산을 증식하는 것과 절대적인 안전을 유지하는 것은 상호 배타적이다. 절대 서로 섞일 수가 없다.

언젠가 크랜베리 머핀으로 아침을 먹다가 옆 테이블의 대화를 엿듣게 되었다. 재무설계사가 희망에 부푼 투자자에게 고정 연금 보험 상품을 팔려고 했다. 그는 어린이 TV 프로그램보다 단어 조합을 훨씬 많이 사용했다. 특히 강렬하게 다가온 한마디가 있었다.

"이 상품에 투자하면 성장력growability이 커질 겁니다."

그런 단어가 있었던가? 물론 매우 근사하게 들리기는 한다. 그것이 재무설계사들이 하는 이야기의 문제점이다. 나쁜 일인 데도 상대방의 기분을 좋게 만들어준다는 것.

이 책에서 한 가지만은 꼭 기억하기 바란다. 절대로 투자 목적으로 보험 상품을 구입하지 마라.

친구 팀Tim은 이 책의 초고를 읽고 어떤 보험 상품에 대해 조언해달라고 했다. 그 보험 상품은 잘만 된다면 그가 원하는 모든 목표를 이루어줄 수 있었다. 평생 소득, 수익률 보장, 원금 증식 모두를. 그는 무척 들떴다! 팀은 변호사이므로 다음과 같은 사실을 잘 알고 있다. 당신의 서명이 들어간 것은 무엇이나 신중하게 읽어라. 큰 글씨는 무엇인가를 주고 작은 글씨는 빼앗아가니까.

그는 그 상품에 함정문이 있다고 확신했지만 그것을 찾는 순간 위험하다는 것을 잘 알았다. 많은 부자들과 마찬가지로 팀은 재무설계자들의 조언에 따라 투자했다가 거듭 실패했다. 지난 10년 동안 순자산에 전혀 변동이 없자 다른 방법을 모색하기로 했다.

팀은 자신의 절망적인 재무 상태를 친구들에게 털어놓았고 어느 재무설계사가(실제로는 보험사 직원) 그의 문제를 해결해줄 상품을 가지고 온 것이었다. 팀의 사무실에 들러 그 상품의 브로슈어를 살펴보았더니 그야말로 마케팅 걸작이 따로 없었다.

반짝반짝 빛나는 브로슈어에는 설계, 보장, 보호처럼 감성을 자극하는 전문 용어가 가득했다. 어여쁜 차트와 그래프는 원금을 단 한 푼도 손해 보지 않고 얼마나 더 부자가 될 수 있는지 보여주었다. 그리고 천연덕스럽게도 정보 차원의 CD까지 딸려 있었다. CD를 재생했더니 330쪽 분량의 설명서가 컴퓨터 화면에 떴다. 도대체 누가 이걸 읽는단 말인가? (나는 읽었다. 할 일 되게 없나 보다.)

내가 그 설명서를 끝까지 읽은 것은 일종의 총소유비용인 셈이었다. 지루하지 않도록 어떤 상품인지 짧게 요약하겠다.

- 재무설계사(실제로는 보험사 직원)는 팀에게 100만 달러를 투자하면 원금도 보장되고 수익을 올릴 수 있다고 말한다.
- 팀은 10년 동안 해약하지 않아야만 위약금을 피할 수 있다.
- 10년간의 최대 소유비용은 수익률을 5퍼센트라고 할 때 727,000달러다.

부자로 가는 경제학

- 10년간의 최대 소유비용은 수익률을 5퍼센트라고 할 때 727,000달러다. (위 문장을 못 읽고 지나쳤을까 봐 다시 한 번 말한다.)

뱅가드 인덱스 500^{VFINX} 뮤추얼 펀드와 그 상품을 비교해보았다. 똑같이 100만 달러를 투자할 경우 10년 동안 예상되는 소유비용이 2만 3천 달러밖에 되지 않았다. 과잉 투자 위험도 있고 내가인덱스 500 펀드를 별로 신뢰하지 않기도 하지만, 어쨌든 훨씬 나았다. 팀이 주식 시장에서 70만 달러를 날린다고 해도!

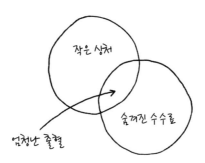

팀이 그 내용을 지적하자 재무설계사는 팀의 '이해'를 도우려고최선을 다했다. 아무런 망설임도 없이 즉각 설명했다. "저희 상품중에 가장 비싼 상품입니다. 물론 모두를 위한 상품이 아닙니다.오직 진정으로 미래를 위해 투자하는 고객을 위한 상품이죠."

얼마나 노련한가. 들키고 자백하고도 팔려는 뜻을 굽히지 않다니. 상품에 대한 웬만한 믿음 없이는 불가능한 일이다.

팀은 자신의 관점을 고수했고 금융 팩토리에 저항해 승리했다.

또 다른 보기도 있다. 생명 보험으로 비과세 소득을 늘릴 수 있다고 설명하는 재무설계사가 있었다. 전에도 여러 번 들어본 내용인데 그때마다 이를 갈았다. 그와 점심 식사를 하면서 나눈 대화 내용은 이러했다.

보험사 직원 : 브렌다가 이 상품을 이용하면 비과세로 은퇴 자금을 마련할 수 있고, 생명 보험금 350만 달러를 받을 수 있다.

(그가 살며시 이야기를 흘린다.)

나 : 확실히 짚어보자. 브렌다가 앞으로 15년 동안 7만 5천 달러를 투자해서 자기 생명에 대한 보험금을 마련하라는 건가? 그런 다음 65세부터 20년 동안 매년 10만 달러를 면세로 받을 수 있는 건가?

보험사 직원 : 그렇다. '보장' 칸('보장'란은 해당 기업이 파산하지 않아야만 안전한 축적 가치를 상징한다)에는 그런 내용이 들어 있지 않지만 우리는 보장된 금액보다 항상 많은 이익 배당을 지불해왔다.

나 : 훌륭하다! 제대로 이해했는지 내가 한번 설명해보겠다. 브렌다가 15년 동안 내야 할 돈이 1,125,000달러가 맞나?

보험사 직원 : 맞다. 하지만 브렌다가 비과세로 증식하고자 하는 잉여 투자 자금으로 구입하는 것이다.

나 : 앞으로 10년 동안 브렌다가 마음을 바꾸거나 무슨 일이 생겨서 돈을 돌려받아야 할 경우, 돈을 날리게 된다는 조항이 명시되어 있나?

보험사 직원 : 그렇다.

나 : 브렌다가 은퇴시 돈을 받을 수 있는 유일한 방법은 환급액에서 대출 형식으로 빌리는 것뿐인가?

보험사 직원 : 고객에게 그런 식으로 설명하지는 않지만 본질적으로는 그렇다.

나 : 그렇다면 이 상품에 가입할 필요가 뭐 있나? 주택담보 대출하고 비슷한데. 15년 동안 열심히 일해서 주택 대출금을 전부 상환하고 은퇴와 함께 다시 처음부터 주택담보 대출을 받아 그걸 비과세 소득이라고 부르는 것이 아닌가. 의심스러운 상품인 것 같다. 내가 잘못 이해한 부분이 있나?

보험사 직원 : (묵묵부답)

여기에서 무엇을 알 수 있는가? 시중에서 팔리는 보험 투자 상품이 당신의 부에 얼마나 위험한지 알 수 있다. 당신이 15~20년 동안 자금을 묶어둘 의향만 있다면 누구라도 약속을 지킬 수 있다. 약속이 지켜지지 않더라도 어차피 너무 오래되어 잊어버릴 테니까 상관없으리라. 또한 이러한 상품은 진실을 감추기 위해서 성경책만큼 두꺼운 서류가 필요하다는 것도 알 수 있다. 보험은 투자가 아니다.

■ 구조화채권

구조화채권은 최악의 금융 엔지니어링이다. 단순한 상품 안에서 복잡한 파생 상품을 만들어 판매하고 수수료를 발생시킨다. 그러한 상품이 가져오는 위험은 분명하게 측정할 수 없다. 마치 염소와 치와와를 교배시키는 것처럼 부자연스러운 일이다. 세상에는 하지 말아야 할 일도 있는 법이다.

원래는 구조화채권에 대한 이야기는 하지 않을 생각이었다. 구조화채권의 심장부에는 이미 비수가 꽂혔다고 생각해서였다. 그 비수를 꽂은 것은 다름 아니라 구조화채권에 투자해 막대한 손해를 본 고객들과 월스트리트의 만행을 다룬 책들의 등장이었다. 내가 가장 좋아하는 책은 프랭크 파트노이Frank Partnoy의 『전염성 탐욕Infectious Greed』이다. 그 책에는 구조화채권의 시작에 대해 상세하게 나와 있다.

파트노이는 1980년대 후반에 등장한 구조화채권 상품의 원조 버전에 대해 설명하고 파생 상품의 유해성을 파고든다. 새로운 금융 상품이 막대한 판매 수익을 위해 고객이 이해할 수 없도록 복잡하게 만들어진다는 사실도 보여준다.

구조화채권은 1990년대 중반까지 활발하게 피어났다. 고객을 증권에 투자시켜 수수료를 챙기는 것이 목적이었지만 월스트리트가 채권이라는 이름으로 부르면서 안전하다는 환상이 생겨났다. 그러나 투자자들이 맞닥뜨린 결과는 결코 좋지 못했다.

이 책에 구조화채권을 포함시키기로 결정한 이유는 어느 고객이 이메일로 전달해준 '구조화 상품 전략 가이드' 때문이다. 내 고객에게 처음 그 이메일을 보낸 주식 중개인은 이렇게 썼다.

"이것은 5년 양도성예금증서CD로 셰브런, 3M, 크래프트, GE, 맥도날드, 코카콜라를 비롯한 10개 주식의 실적에 따라 수익률이 결정됩니다."

그리고 덧붙였다.

"주식 투자를 다시 시작하는 것을 망설이는 분들을 위한 상품입니다."

그 상품을 쉽게 이해할 수 있도록 아래에 자세히 설명하겠다. 잘난 척하는 것처럼 들려도 이해해주기 바란다. 사실 나도 내가 제대로 이해했는지 헷갈리니까.

은행은 FDIC(연방예금보험공사)이며 금리는 10개 주식과 관련이 있다(3M, 에트나, AT&T, 보스턴 사이언티픽, 셰브런, 코카콜라, GE, 크래프트, 맥도날드, 뉴몬트 마이닝). CD는 5년 만기이며 100퍼센트 원금 보호를 받는다. 단 두 가지 조건이 따를 뿐이다. 첫 번째 조건은 은행의 신용도에 따라 지급이 이루어진다. 만기까지 상품을 해약하지 않았을 때만 보호 개념을 적용할 수 있으며 발행기관의 신용도에 영향을 받는다. (아직도 이해가 되지 않는가?) 두 번째 조건은 발행기관이 파산할 경우 원금만 공소시효까지 FDIC에 의해 보호된다. 최대 금리는 기간당 3.35~4.35퍼센트이며(연 2회 조정) 연간 6.70~8.70퍼센트다.

이해되는가? 아직 설명이 남았다. 최고 수익률은 3.35~4.35퍼센트, 최저는 -15퍼센트다. 6개월 변동 금리는 거래일에서 적용 가능한 6개월 관측일까지 각 원 주식의 평균 수익률로 정해진다. 원 주식의 수익은 최저 수익률 -15퍼센트를 상향 조정하거나 최고 수익률로 하향 조정한다. 이자 지급 기간에 대한 변동 금리는 0퍼센트 이하가 될 수 없다.

여기까지 잘 이해가 되는가?

당신의 이익이 얼마나 될지 계산할 수 있다면 당신은 나보다 훨씬 똑똑하다. 부유층 고객으로서는 넘어가지 않기가 힘들다. 확실성에 대한 환상을 주는 상품이기 때문이다. FDIC 보험과 10개의 유명한 주식들, 나조차도 그리 나쁘지 않다고 느꼈다. 원 주식들은 전부 유명 대기업들이 아닌가. 하지만 문제가 있다. 이 상품에는 시장이 없다. 가치산정이 불가능하므로 아무도 당신에게서 사려고 하지 않을 것이다. 당신조차도 가치를 측정할 수 없다. 마치 달에 있는 집과 같다.

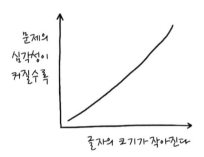

나심 니콜라스 탈레브Nassim Nicholas Taleb의 2007년 베스트셀러 『블랙 스완The Black Swan』의 2010년 개정판은 '검은 백조에 강인한 사회'를 위한 10가지 원칙을 제시한다. 그중 여섯 번째 원칙이 '다이너마이트에 경고 표시가 붙어 있어도 아이들에게 주지 마라'이

다. 복잡한 금융상품은 금지되어야 한다. 어느 누구도 그 상품을 이해하지 못하며 그것을 알 만큼 충분히 합리적인 사람은 소수이기 때문이다. 금융 팩토리는 사람들이 확실성을 원한다는 사실을 잘 안다. 그래서 의도적으로 확실성에 대한 착각을 불러일으키는 상품을 만든다.

다음 상품은 결국 멸종되었지만 이미 수많은 부자들에게 엄청난 돈을 빼앗아 간 후였다. 그 여파는 여전히 남아 있다. 나쁜 금융상품은 방사능과 같아서 오래도록 해로운 영향을 끼친다.

■ 경매방식채권

리먼 브라더스 홀딩스Lehman Brothers의 로널드 갤러틴Ronald Gallatin은 1984년에 경매방식채권을 내놓았다. 약간 비밀스러운 분위기를 풍기는 그 상품이 유명해진 것은 훨씬 시간이 흐른 2001년이었다.

경매방식채권은 내부자들이 시행착오를 위험 없는 투자로 묘사한 가장 최근의 본보기라고 할 수 있다. 포브스닷컴의 리즈 모이어Liz Moyer 기자는 2008년 5월에 경매방식채권을 이렇게 표현했다. "세상에는 나쁜 투자와 정말로 나쁜 투자가 있다." 나아가 "모호하며 갈수록 유해하다"라고 덧붙였다.

부자로 가는 경제학

이론적으로 경매방식채권은 현금 같은 역할을 해야 한다. 발행 은행과 지방자치단체, 학자금 대출자들에게 장기 채무의 차입 기간을 선택할 수 있도록 해준다. 그러나 신용 위기가 닥치자 잇달아 채권 입찰이 실패하게 되면서 팔 길이 막히고 말았다. 경매방식채권 보유자들은 유동성이 전혀 없는 채권을 그저 손에 쥐고 있을 수밖에 없었다. 마치 달에 있는 집을 소유한 것이나 마찬가지였다. 위치를 비롯해 모든 조건이 좋지만 아무도 갈 수가 없는.

설상가상으로 경매방식채권은 입찰에 실패할 경우 일종의 벌칙 금리가 가해지므로 금리가 급등한다. 변동금리 모기지론과 비슷하다. 결과적으로 경매방식채권 발행자들은 큰 고통을 겪게 되었다.

모이어는 2008년 5월 기사에서 큰 시장 규모를 자랑하는 펜실베이니아고등교육지원국Pennsylvania Higher Education Assistance Agency이 발행한 50억 달러의 경매방식채권의 가치가 0이 되었다고 폭로했다. 노스다코타 주의 증권 규제 기관 관계자이자 북아메리카 증권감독협회North American Securities Administrators Association의 캐런 타일러Karen Tyler에 따르면 투자자들 중에는 단기 채권으로 알고 구입한 평범한 사람들도 다수 포함되어 있었다. 손해 보지 않고는 팔 수 없는 상황이었다. 타일러에 따르면 평범한 투자자들이 본래 주택담보 대출의 초기 납입금, 생활비, 영세 기업의 급여 지급금, 농부들의 봄 농사 시작 자금으로 쓸려고 했던 돈이 꽁꽁 묶여버렸다.

12개 주와 SEC(증권거래위원회)는 투자 은행들의 경매방식채권 방식의 마케팅을 조사하고 있다.

이 은행들은 경매방식채권을 다른 유해한 금융 상품들과 함께 정정당당하게 판매했다. 안전을 보장한다고 했지만 결국은 달에 있는 집에 불과했다.

잡초는
비료가 필요 없다

마당을 방치해두면 뒤죽
박죽 잡초투성이가 되어버린다. 인생은 우리가 원하는 결과에서
삐딱하게 빗나가려는 경향이 있음을 아는 데서 지혜가 시작된다.

주식을 사본 적 있거나 개인적으로 투자해본 경험이 있는 사람
이라면 다 알 것이다. 부정적인 사건의 타이밍은 도저히 알 수가
없다는 것을. 구입하자마자 주가가 오르는 경우는 드물다. 특히나
당신의 돈이 걸려 있을 때는 시장이 반등되기까지 더 오래 걸리는
것처럼 보인다. 하지만 시장은 그렇게 모든 사람들을 신경 쓰면서

움직이지 않는다.

시장은 당신이라는 사람조차 알지 못한다. 잡초가 자라려면 활동이 필요하다. 자르거나 물을 주거나 관심을 쏟거나 하지 않고 내버려두면 잡초는 무성하게 자라난다. 최근에 어떤 광고를 보고 그 점을 더욱 확신할 수 있었다.

잘못된 리조트 광고

정확한 영국식 억양, 영화의 한 장면처럼 펼쳐지는 자연 풍경. 사슴이 뛰놀고 꽃들이 피어나고 매력적인 스파 시설까지 있다. 나는 당장 티켓을 구입할 준비가 되어 있었다. 그 리조트 광고는 브랜딩과 마케팅에 엄청난 돈을 투자한 것이 분명했다. 분명히 최고의 시장 분석 보고서도 작성되었으리라. 세계적으로 별 다섯 개짜리 리조트가 몇 개나 있는지 고려한다면 당장이라도 럭셔리한 휴가 시장에 뛰어들지 않을 수 없다. 광고가 끝나갈 무렵 나는 신용카드를 집어 들었고 드디어 리조트 이름이 공개되었다. 샌디 볼스 리조트Sandy Balls Resort.

설마 그럴 리가. 내가 발표자의 목소리에 섞인 농담조를 이해하지 못했나? 광고의 내레이션이나 음악, 배우들에 〈새터데이 나이트 라이브〉 식의 풍자와 코미디라는 증거가 있었나? 분명 뭔가 잘못되었다. 새 리조트의 마케팅 광고에 몇 백만 달러를 쏟아붓고 정작 남사스러운 이름을 붙이다니(영어 단어 'ball'에는 '불알'이라는 의미도 있음-역주). 꾸며낸 이야기 아니다. 실제 리조트 이름이다. 잠깐 동안 그 이름에 대해 곰곰이 생각해보라.

아직도 믿기지 않는다면 구글에서 검색해보기 바란다. 세상에 정말로 존재하는 리조트 이름이고 진짜 사업체이며 너무도 나쁜 마케팅 아이디어의 보기다.

나쁜 아이디어는 잡초처럼 어디에나 있다. 나쁜 아이디어는 똑똑한 사람들의 머릿속에서 자라며 온갖 훌륭한 전략은 모조리 피해간다. 최고의 교육과 경험, 분석, 테스트조차 잡초 앞에서는 무기력하다. 샌디 볼스라는 이름이 세상에 공개되기 전에 얼마나 많은 사람들이 보았겠는가? 마케팅 에이전시, 변호사, 회계사, 전자 간판 업체, 각본 작가, 웹사이트 디자이너, 심지어 광고의 내레이션 담당자까지 전부 보았으리라. 그중에서 "정말 끔찍한 이름이야!"라고 말한 사람이 얼마나 될까? 그들이 의사 결정자에게 솔직히 말하지 못한 이유는 무엇일까? 그들이 솔직하게 말했더라도 여전히 끔찍한 이름으로 결정짓게 만든 힘은 무엇일까?

고용된 사람들 입장에서는 두려움이나 무책임, 무관심 때문에 말하지 않았을 수 있다. 어쨌든 자기의 돈이 아니니까.

이처럼 잘 보이는 곳에 있는 데도 등한시되는 잡초가 가장 위험하다. 무성하게 퍼진 것을 발견했을 때는 이미 마당 전체가 장악당했을 테니까.

자연의 본질

개밀, 겨이삭, 토끼풀, 바랭이, 민들레, 병꽃풀은 마당에 자라나는 수많은 잡초 중 극히 일부분이다. 관심을 쏟든 무심하든 잡초는 어떻게든지 마당에 비집고 들어온다. 잡초의 끈질긴 생명력은 한 장소에 얽매여 있지 않기 때문이다. 잡초는 이동한다.

잡초 씨앗은 물이나 바람을 타고 멀리까지 갈 수 있다. 그래서 저 멀리에서 날아온 잡초가 당신의 마당에 해를 끼친다. 열 집 건너에서 바람을 타고 당신의 마당으로 날아온다. 당신은 자신이 벌려놓지도 않은 일을 뒤치다꺼리해야 한다. 어디서 많이 들어본 이야기가 아닌가? 잠시 후에 살펴보자.

부자로 가는 경제학

공통점

여러 측면에서 원예가들은 경제학자들보다 나쁜 사건을 잘 이해한다. 그들은 나쁜 일이 그저 발생하는 것임을 사실을 잘 안다. 전문 잔디 관리업자는 절대로 잡초를 키우지 않는다. 잡초는 비료가 필요하지 않다.

재무설계사와 투자자들은 여기에서 훌륭한 교훈을 얻을 수 있다. 아무리 꼼꼼하게 계획하고, 아무 짝에도 쓸모없는 리스크 관련 설문지의 답을 채우고, 시장에 대해 공부해도 나쁜 사건은 그저 일어난다는 것을.

나는 심리학자는 아니지만 부유층 고객의 행동이 급격하게 변하고 있음을 잘 안다. 최근의 시장 붕괴로 금융업계를 떠받치는 벽이 크게 허물어졌다. 상식은 튕겨 나오고 '전문가'에 대한 의구심은 그 어느 때보다 드높다. 이를 교훈 삼아 반드시 기억해야 할 점이 있다.

언제 어디서든 잘못될 가능성을 고려한다면 아무것도 못하고 제자리에 꼼짝없이 얼어버릴 것이다. 앞으로 일어날 수 있는 부정적인 일에 집중하면 그 누구도 제대로 생각하고 행동할 수 없다. 나쁜 일이 생길 가능성에 지나치게 사로잡히지 않은 채 미리 계획을 세워라. 당신은 구명 재킷을 입었지만 바다의 아름다움을 마음껏 즐길 수 있어야 한다.

확실한 투자 *

사라 B.는 2000년까지 1천만 달러의 순자산을 모았다. 그녀는 실리콘 밸리에 있는 마이크로칩 회사의 초창기 파트너였다. 재무설계사는 그녀에게 합리적이고 확실한 투자를 권했다.

소니는 1980년대부터 1990년대까지 워크맨Walkman으로 음악시장을 장악했다. 워크맨은 가전제품이 소비자의 라이프스타일과 문화를 바꾼 대표적인 혁신 사례다. 한때 허리춤에 꽂는 두툼한 벽돌 모양이었던 워크맨은 점점 간편하고 작은 크기로 진화했다. 오디오 카세트의 시대가 지나고 향상된 음질의 디지털 오디오로 기술 진보가 이루어지면서 CD 워크맨이 등장했다. 재무설계사는 기술 투자 산업에 몸담고 있는 사라에게 '마이크로 디스크'라는 신기술에 대해 이야기했다. 사라는 즉각 관심을 보였다.

마이크로 디스크는 CD의 작은 버전이다. 마침 소니는 모바일음악의 판도를 뒤집어놓을 만한 마이크로 디스크를 출시할 예정임을 시사했다. 명함 크기의 플레이어를 허리띠나 주머니에 간편하게 가지고 다닐 수 있다는 뜻이었다. 사운드 또한 매우 뛰어나다는 소문이 퍼졌다. 소니는 그 기술로 특허를 받았다. 소니가 시장 판도를 뒤바꿀 것이고 투자자들은 엄청난 돈을 벌 수 있을 것으로 보였다. 소니는 수익에 혈안이 된 신참 기업이 아니다. 소니뮤직은 20년이라는 역사 동안 자사의 기술로 막대한 돈을 벌었다. A급 기업이었다는 말이다.

그러나 2001년 9월 11일 아침 모든 것이 바뀌었다. 뉴욕과 워싱턴, 펜타곤을 노린 항공기 테러 사건으로 금융 시장이 얼어붙었다. 전반적으로 매입이 이루어지지 않았다. 다우 지수와 S&P 지수가 급격히 하락했다. 지구상에 그 일을 예측한 사람은 아무도 없었다. 사라가 소니에 투자한 것은 결코 나쁜 선택이 아니었다. 하지만 알다시피 잡초는 그냥 자라난다. 그러나 사라의 기술 투자를 망쳐놓은 사건은 9·11 테러가 아니었다.

그로부터 한 달 뒤인 2001년 10월 23일, 일개 컴퓨터 기업이던 애플이 인류 역사상 누구도 본 적도, 들어본 적도 없는 신기술, MP3 플레이어 '아이팟'을 선보였다. 그 새로운 음악 기술의 등장으로 소니 워크맨의 필요나 욕망이 하루아침에 증발했다. 아이팟은 첨단 커뮤니케이션 형태인 인터넷으로 음악을 전달하는 새로운 트렌드로 자리 잡았다. 사라의 기술 부문 투자는 9·11 테러에 이어 또다시 큰 타격을 입었다. 그녀는 그나마 투자 종목을 분산해서 다행이라고 여겼다.

2006년 11월부터 2009년 1월에 세계 금융 시장은 경고도 없이 무너져 내렸다. 사라가 보유한 주택과 상가 가치는 50퍼센트 이상 하락했다. 그것도 모자라 소니의 주가도 19달러로 곤두박질쳤다. 완전히 절망에 빠진 사라는 재무설계사에게 주식을 전부 팔라고 했다.

소니 주식과 부동산, 뮤추얼 펀드의 대폭락으로 그녀의 순자산은 2000년 1천만 달러에서 2009년 500만 달러로 줄어들었다. 과연 앞으로 손실을 메울 수나 있을까? 탄탄한 시나리오를 준비했다면 예기치 못한 사건에 따른 손실을 상당히 줄일 수 있었다. 부자들은 피할 수 있는 상황을 피하는 법을 배워야 한다. 마음속에서 의심의 목소리가 들려오는 데는 다 이유가 있다. 그 목소리가 틀릴 때는 거의 없다.

지혜는 지성보다 멀리 간다. 그리고 지혜는 생각하지 않고도 안다. 흔히 나이 많은 사람이 지혜로운 이유는 그만큼 많은 경험을 쌓았기 때문이다. 실패를 통해 배운 경험이다. 지혜는 전혀 새로운 것이 아니다. 오래된 경험에서 나온다.

당신이 한 달에 필요한 돈이 1만 달러든 10만 달러든 원칙은 똑같다. 당신의 부를 원점으로 돌려보낼 수 있는 것을 사거나 투자하거나 위험을 무릅쓰기 전에 반드시 오랫동안 열심히 생각해봐야 한다. 즉 돈에 대한 직관이 필요하다.

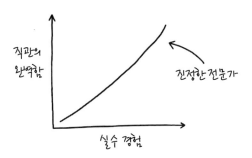

직관

인간의 직관은 놀랄 만큼 정확하다. "역시 내 직감이 틀렸어"라는 말을 들어본 적이 있는가? 하지만 직관에는 언뜻 정확성과 대조되는 교묘한 측면이 존재한다. 이는 직관이 과거의 경험을 토대로 잘못된 결정을 하려는 초기화 경향default tendency을 상징하기도 때문이다.

게일 심리학 백과사전Gale Encyclopedia of Psychology에는 본능이

'어떤 종의 모든 구성원이 특정한 상황이나 일련의 자극에 똑같이 행동하는 타고난 경향'이라고 정의되어 있다. 그런데 이를 자산 관리에 대입시켜보면 재앙이 될 수 있다. 예를 들어 뮤추얼 펀드나 주식, 채권, 또는 돈에 대한 이해를 타고나는 사람은 없다. 모두 후천적으로 배워야만 한다. 그렇다면 누가 우리를 가르치는가? 가족, 친구, 학교, 재무설계사들이다.

아드레날린은 투쟁 또는 도피 반응을 돕기 위해 자연적으로 생성되지만 돈에 대한 직관은 시간을 두고 쌓인다. 그렇기 때문에 돈에 대한 직관은 인간의 본능과 비교하면 정확성이 크게 떨어진다. 그것은 가르치는 사람에 좌우되기 때문이다.

돈에 대한 본능은 학교에서 배우지 않는다. 뮤추얼 펀드에 투자하거나 포트폴리오에 채권 투자 비율을 정한다거가 하는 행동이 돈에 대한 본능이 될 수 있겠다. 만약 30년 넘게 주식 투자를 해온 부모나 조부모를 둔 사람이라면 그들과 똑같이 할 가능성이 높다. 인간은 특정한 연령대에 이르거나 어느 정도 부를 축적한 다음에는 이미 그렇게 한 사람들과 똑같이 행동할 가능성이 많기 때문이다. 따라서 부자들에게는 다른 방향을 일러주는 넛저가 필요하다.

부자로 가는 경제학

넛지

넛지(리처드 탈러의 저서 「넛지」를 통해서 타인의 행동 변화를 유도하는 부드러운 개입을 뜻하는 용어로 널리 알려짐-역주)는 매우 매력적인 단어다. 그 이유는 친절한 비판이기 때문이다. 팔꿈치로 슬쩍 찌르는 넛지는 밀치면서 강요하거나 소리치는 것이 아니라 현재의 행동을 다시 생각해보라고 끈기 있게 제안하고 격려하는 것이다. 당신의 삶에 필요한 사람을 '넛저'라고 명명한 이유도 그 때문이다.

넛저는 당신이 철석같이 믿는 것에 대한 자기의 생각을 신중하고 소신 있게 말해주며 등잔 밑이 어두워 보이지 않는 것을 밝혀준다. 당신이 정확하다고 가정하는 것들을 다시 자세히 돌아보게 만든다. 넛지를 받으면 모든 말과 정보가 새롭게 보인다. 예전과 전혀 다르게 다가온다. 토씨 하나 틀리지 않고 똑같은 말인데도 다시 돌아보고 나쁜 상황을 찾아낼 수 있다. 그렇다면 이제 당신에게 묻겠다.

당신은 자산 관리에 대해 넛지해주는 사람이 있는가? 당신의 비전이 정확하지 않다고 말해주는 사람이 있는가?

많은 사람들은 직관이 타고난 재능이라고 생각한다. 그렇기에 가진 사람도 있고 가지지 못한 사람도 있다고. 그러나 진실은 그

145

렇지 않다. 인간적인 직관은 누구한테나 있다. 무언가 잘못 되었을 때 몸이 말해준다. 다만 모두가 거기에 주의를 기울이지 않을 뿐이다. 넛저는 당신이 '내면의 목소리'에 주의를 기울이고 따라갈 수 있도록 해준다.

리스크 분석 설문지

증권사에서 리스크 분석 설문지를 작성해본 적이 있는가? 그 설문지는 돈에 대한 초기의 직관을 없애기 위한 목적으로 만들어진다. 금융 팩토리는 돈에 대한 직관이 어떤 영향력을 가졌는지 잘 안다. 설문지의 첫 질문이 "당신은 자녀를 사랑하십니까?"라면 누구나 단번에 뒤돌아 가버릴 것이다. 당신이 이미 알고 있고 생각해볼 필요도 없는 질문이니까. 그것이 바로 당신의 직관이고 진심이다. 조금이라도 그것에 반하는 말을 들으면 불쾌해질 것이다. 금융 팩토리가 처음부터 당신의 지성을 확인하려고 할 때도 똑같은 기분이 들어야 한다. 불쾌함을 느껴야 한다. 그러나 돈에 대한 직관을 키우기가 쉽지 않은 이유가 있다.

- 팩토리가 돈에 관한 대화를 제어한다.
- 팩토리는 계속 끊임없이 투자하도록 당신을 훈련시킨다.
- 팩토리는 당신의 현실과 그들의 현실을 맞바꾸도록 가르쳤다.

의지만으로는 제어 시스템(생각하는 뇌)이 자동 시스템(느끼는 뇌)을 이기기 힘들다. 유일한 방법은 시뮬레이션으로 결과를 미리 시험해보는 것뿐이다.

돈에 대한 직관의 큰 문제점은 기대에 부합하는 결과가 나오면 더 이상 보려고 하지 않는다는 것이다. 게다가 금융 팩토리는 스스로 고객의 기대를 가장 잘 충족시켜줄 수 있는 것처럼 보이게끔 고객의 기대를 설정한다.

하버드의 심리학 교수 데이비드 퍼킨스David Perkins에 따르면 인간은 기대한 결과를 입증하는 거짓 증거를 충분히 찾는 순간 사고를 중단한다. 원하는 결과에 대한 확신이 클수록 논리적 사고가 약해진다. "GM은 100년이나 된 기업이니까." "내 말에 책임을 져야 하니까." 이러한 핑계거리가 401(k)를 몽땅 엔론 주식에 투자하게 만든다. 이처럼 인간은 자신의 결정을 논리적으로 합리화시키려고 한다.

돈은 죽었다

많은 사람들이 돈의 부검을 요청하러 내 사무실을 찾는다. 나는 금융 법의학으로 무엇이 잘못되었고, 어떻게 고칠 수 있는지 파헤친다. 하지만 안타깝게도 사람들이 나를 찾았을 때는 돈이 완전히 사망한 경우가 대부분이다.

성공의 열쇠는 취약점을 찾는 데 있다. 심적 시뮬레이션으로 다양한 시나리오를 시험하고 핵심 위험을 파악해야 한다. 그러면 매우 놀라운 사실이 드러나고 올바른 계획을 세울 수 있다. 다음 훈련을 통해 위험에 초점을 맞춰보자.

아래 보기를 읽으면서 당신에게 막대한 영향을 끼칠 수 있는 일들을 떠올려본다. 해수면에 떠오르지 않은 위험은 무엇인가? 당신이 정말로 두려운 것은 무엇인가? 답을 보고 놀랄지도 모른다.

다음은 내가 주변에서 실제로 목격한 상황이다.

- 병중에 계신 어머니를 1년 동안 모셔야 하며 24시간 간병인이 필요하다. 게다가 어머니는 장기간병보험도 없다.
- 자녀가 하버드에 입학했다.
- 자녀가 감옥에 수감되었다.

- 당신의 생활비를 충당해준 은행 주식 배당금이 사라졌다.
- 직원이 회사 자금을 몰래 빼돌리는 바람에 대출을 받아서 직원들의 급여를 지급해야 한다.
- 사업 파트너가 회사 지분 30퍼센트를 보유한 당신을 해고했다. 당신은 수입이 사라진 데다 소송 변호사를 고용하는 데도 약 15만 달러를 써야 한다. 게다가 주식을 사느라 은행에서 대출 받은 돈도 있다.
- 누군가 당신의 보트를 훔쳐가서 무고한 사람을 죽이는 사고를 냈다. 당신은 피해자 가족에게 고소당했고 60만 달러를 배상하라는 판결을 받았다.
- 당신이 30년 동안 근무한 기업이 부도났다. 연금과 퇴직급여, 건강보험이 하루아침에 날아갔다.

흥미롭지 않은가? 주변에서 실제로 목격한 일들과 비슷하지 않은가? 진짜 위험을 파악하려면 이처럼 상상할 수 없는 상황을 상상해야 한다. 계속 부를 유지하려면 필수적이다.

일반적으로 위험을 무릅쓰는 것은 좋지도, 나쁘지도 않다. 그러나 해수면에 떠오른 위험인지, 가려진 위험인지가 중요하다. 해수면으로 떠오른 위험이라면 당신의 배를 침몰시킬 우려가 없다. 그러나 해수면 아래에 있는 위험은 배를 침몰시킬 수 있다. 해수면의 측정 기준은 수학적이 아니라 개인적이다. 사람마다 해수면의 높이가 다르다. 따라서 차트 따위로 확인할 수 없다. 해수면에 떠오른 위험은 무엇이고, 아래에 있는 위험은 무엇인가? 당신이 인생의 어느 단계에 머물러 있는지에 따라서 다르다.

아직 일하면서 저축하는 단계라면 죽음, 장애, 실직이나 배우자의 죽음, 자녀의 질병처럼 현금 흐름에 막대한 영향을 끼치는 사건이 당신의 해수면이다. 투자 결과는 대부분 해수면 위에 있다. 은퇴가 가까워질수록 위험에도 변화가 생긴다. 죽음과 장애는 경제적 비극이 아니라 정서적 비극으로 바뀐다. 그러나 자산을 교체할 능력이 없어지므로 투자 위험은 해수면 아래로 이동한다. 부자들은 그 점을 꼭 알아야 한다. 부자들에게 투자 위험은 해수면 아래에 있다는 것을.

부자는 투자 위험에 민감해져야 한다. 하지만 지난 10년 동안 많은 부자들이 그러지 못했다. 생각지도 못한 일이 생기면 어떻게 해야 할지 상상도 해보지 않았다. 2007년부터 2009년까지 이어진 금융 위기 덕분에 당신은 단기간에 자산이 확 줄어들 수 있음을 배웠을 것이다. 그렇게 직관이 훈련된다.

실패 연구

앞서 제1장에서 살펴보았듯이 직관을 키우는 좋은 방법은 실전에 앞서 실패를 연구하는 것이다. 엄청난 실패를 경험한 이후에는 특정한 사고 패턴과 실수, 깨지지 않는 오류 사슬에 대한 믿음이 생긴다.

롱텀캐피털매니지먼트(Long-Term Capital Management, 1990년대 후반에 단 4년 만에 몰락하면서 금융 위기를 초래한 헤지펀드-역주)나 패니 메이(Fannie Mae, 주택 담보 대출업체의 하나-역주), AIG의 실패도 눈여겨봐야 하지만, 어이없게 전 재산의 96퍼센트를 날린 존 맥카피(잠시 후에 살펴볼 컴퓨터 백신계의 거물)의 이야기도 살펴볼 필요가 있다. 나쁜 사건을 진지하게 받아들이고 경고 신호에 주의를 기울여야 한다. 똑똑한 사람들의 부를 몰락시킨 방식이 지금 당신을 수렁으로 몰아가고 있는지도 모르니까.

사람들은 대부분 자기 집 마당의 잡초를 잘 보지 못한다. 매일 그냥 마당을 지나쳐 간다. 잡초는 오랫동안 그 자리에 있다 보니 어느새 마당 풍경의 일부가 되었다. 어느새 그 풍경을 좋아하게 된다. 잡초가 끼치는 해를 알려면 시야를 가로막는 내면의 자기만족감을 돌아볼 필요가 있다. 그것을 좋아하는 사람은 없다. 의사가 다른 의사에게 진찰을 받지 않고 변호사가 자신을 변호하지 않는 이유는 자기의 잡초를 보지 못하기 때문이다. 내가 개인적인 재무설계를 다른 금융 전문가에게 맡기는 것도 마찬가지다. 나도 내 잡초를 보지 못한다. 그 사실을 알면 선입견을 버리고 정원 전체가 망가지는 것을 막을 수 있다. 잡초를 찾아서 뽑아라. 당신에게는 정원사가 되어줄 넛저가 필요하다.

자산과 거짓 능력

나쁜 일들은 겉으로 보기에는 명백하게 나빠 보이지 않는다. 초콜릿 쿠키를 한 번에 일곱 개 먹어치우는 것과 똑같다. 달콤한 맛에 가려 메스꺼움이 천천히 밀려오므로 다섯 번째 쿠키부터 그랬는지 일곱 번째부터 그랬는지 알 수 없다.

누구나 지나치게 욕심 부리는 물건이 있다. 이를테면 음식이나 옷, 자동차 등이다. 조용하게 다가오는 움직임에 속으면 안 된다. 극단적인 면은 누구나 있다. 특정한 물건에 욕심을 부린다고 전 재산을 날리지는 않겠지만 돌이킬 수 없는 결과를 가져오는 나쁜 심적 습관이 하나 있다. 나는 그것을 '거짓 능력'이라고 부른다.

■ 거짓 능력

거짓 능력이란 무엇일까? 자신에게 거짓말을 하는 능력이다. 거짓 능력은 매우 은밀하다. 부채나 채무를 뜻하는 'liability'와 발음은 똑같지만 원장에는 나와 있지 않다. 자산을 증식할수록 줄어들지도 않는다. 눈에 보이지 않으므로 수량화할 수도 없다. 당신의 생각 속에 자리하는 거짓 능력은 추적할 수 있는 행동이 아니라 하지 않은 결정의 형태를 띤다.

거짓 능력은 증거를 존중하지 않는다. 당신을 오랫동안 속이고 마침내 진실을 받아들이게 될 때쯤에는 너무 늦어버려 아무런 소용도 없게 만드는 것이 목적이다. 거짓 능력이 얼마나 위험한지 살펴보자.

비행은 믿음뿐만 아니라 위험의 가장 근본적인 본보기가 되어준다.

■ 반대 관점 돌아보기

하늘을 날 때는 반대 관점에 주의를 기울이는 일이 무엇보다 중요하다. 조종사들은 오랜 훈련과 확신 때문에 위험의 속삭임을 듣지 못할 수도 있다. 1973년 12월 28일, 콜로라도 주 덴버를 출발해 오리건 주 포틀랜드로 가던 유나이티드 항공 173편 항공기에서도 그러한 일이 발생했다. 계기판에 착륙 장치에 문제가 생겼음을 알리는 불빛이 들어왔고 추락 사고로 이어졌다. 그러나 결과적으로 불빛의 단순한 오작동이었음이 밝혀졌다. 훗날 조사관이 표현한 대로, 기장은 거만하게도 계속 공항을 돌면서 착륙 장치에 무슨 문제가 있는지 알아내려고만 했다. 다시 말해서 그는 거짓 능력 지수가 높았다. 조종사들은 정확한 절차를 따르도록 훈련받지만 오류의 사슬을 피하기 위해서는 아무리 정확한 절차라도 의심의 여지를 열어두어야만 한다.

결과적으로 비행기에는 아무런 이상이 없었다. 계기판 불빛이 고장 난 것뿐이었다. 그러나 기장은 착륙 장치가 제대로 작동하지 않는다는 생각에만 열중한 채 공항을 선회할 뿐이었다. 부종사가 연료 부족을 경고했지만(반대 관점) 그는 계속 밀어붙였다. 결국 비행기는 포틀랜드 교외에 추락해 탑승객 중 10명이 사망하고 24명이 심각한 부상을 입었다.

기장에게는 다른 선택권도 있었다. 심각한 부상 위험은 있지만 생존 가능성은 열어둔 채 동체 착륙을 시도할 수도 있었다. 그러나 그는 '눈에 보이지 않는 결정'을 따랐다. 눈에 보이지 않는 결정이란 당신이 내리는 결정이 아니라 당신을 위해서 만들어진 결정을 말한다. 눈에 보이지 않는 결정은 절대로 당신에게 유리하지 않다.

부자로 가는 경제학

그 사건이 있기 불과 1년 전인 1972년 12월 29일에도 이스턴 항공의 항공기가 비슷한 운명을 맞이했다. 승무원들은 불이 들어오지 않는 자그만 초록색 불빛에 온통 사로잡혀 버렸다. 그 불빛은 전방착륙장치가 내려갔으며 고정되었다는 신호였다. 그 불빛이 들어오지 않았으므로 승무원들은 전방착륙장치에 문제가 생겼다고 믿었다. 계기판 불빛의 오작동은 고려해보지도 않았다. 거짓 능력이 그렇게 간단한 해결책을 불가능하게 만들었다. 한 번 오류에 빠진 승무원들은 자동조종장치를 해제하는 실수까지 범했고 비행기가 서서히 하강하기 시작했다. 결국 플로리다 주 에버글레이즈에 추락해서 101명이 사망했다. 조사 결과 착륙 장치는 줄곧 내려가서 고정된 정상적인 상태였음이 밝혀졌다. 비행기에는 전혀 고장이 없었다. 99센트짜리 계기판 불빛이 고장 났을 뿐이었다.

문제의 핵심은 승무원들이 자신들의 가정에 반대되는 정보를 찾으려고 하지 않은 데 있었다. 그들은 조그만 초록색 불빛이 켜지지 않는 원인을 찾느라 다른 중요한 사항을 체크하는 것을 잊어버렸고 비행기가 지나치게 낮은 고도까지 하강하게 되었다. 계기판 불빛이 고장 났을 가능성은 고려하지도 않았다.

위험을 경고하는 표시기 자체가 고장은 아닌지 늘 확인해야 한다. 고장 난 표시기는 정말로 집중해야 하는 대상으로부터 멀어지게 만든다. 나뭇가지에 정신이 팔려서 쓰러지는 나무를 보지 못할 수도 있다. 그렇기에 넛저의 존재가 소중하고 직관 훈련이 필수적이다. 반대 관점을 보여주기 때문이다. 혼자 힘으로 터널 시야를 깨뜨리기는 거의 불가능하다. 당신은 팔꿈치를 슬쩍 찔러줄 사람이 필요하다.

지혜의 말은 대부분 팔꿈치 찌르듯 슬쩍 나타난다. 당신은 지혜에 귀를 기울이고 있는가?

■ **거짓 능력 길들이기**

누구나 자신의 지식 수준을 과대평가한다. 스웨덴 운전자의 94퍼센트가 스스로 상위 50퍼센트 안에 드는 운전 실력을 가졌다고 생각한다. 프랑스인의 85퍼센트는 자신의 잠자리 테크닉이 상위 50퍼센트에 속한다고 자부한다. 성공한 사람이 자신의 실력을 성공 비결로 꼽듯이 연속으로 따는 도박꾼도 마찬가지다.

그러나 애초에 경주를 시작한 사람들이 얼마나 많은지 생각해보면 성공 가능성이 결코 만만치 않음을 알 수 있다. 만약 지난달 차트에서 가장 높은 순위를 차지한 펀드를 확인해보는 것처럼 승자를 참고점으로 삼는다면 당신은 완주하지 못한 사람들을 전부 간과한 것이다. 경주가 시작되기 전에 승자를 고를 수 있었는가? 그럴 수는 없다.

나는 말콤 글래드웰의 저서를 좋아한다. 특히 『블링크Blink : The Power of Thinking Without Thinking』를 읽어본 사람이라면 테드 윌리엄스의 이야기를 기억하리라.

테드 윌리엄스Ted Williams는 역사상 최고의 타자 중 한 명이다. 그는 '방망이를 향해 날아오는 공을 볼 수 있다'고 했다. 날아오는 공을 따라 방망이에 닿는 정확한 지점을 볼 수 있다고 말이다. 그것은 너무도 순식간에 일어나는 일이므로 윌리엄스가 말하는 기술은 사실상 불가능하다.

테니스 선수 출신인 빅 브레이든Vic Braden은 윌리엄스 같은 선수들이 가진 기술에 대해 알아보고자 디지털 비디오 영상으로 테니스 선수들의 움직임을 일일이 연구했다. 세상의 모든 테니스 선수들은 공을 칠 때 팔목을 회전한다고 말할 것이다. 그러나 브레이든은 비디오를 연구한 결과 팔목을 회전하는 선수가 단 한 명도 없음을 발견했다. 실제로 공의 마지막 1.5미터의 움직임은 선수들에게 보이지 않지만 그들은 공의 움직임을 알 수 있다고 확신한다. 빅 브레이든은 테드 윌리엄스를 만나 물리적으로 불가능한데도 어떻게 공을 볼 수 있는지 물었다. 테드는 "보이는 것 같았어요"라고 대답했다. 최고의 야구 선수인 그도 자신의 성공 비결을 알지 못했던 것이다. 그는 직관에 따라 움직였다.

그러나 그것은 문제가 되지 않는다. 진짜 문제는 돈과 건강 또는 행복에 막대한 영향을 끼치는 영역에서 자기기만을 피하는 일이다. 변할 수 있는 것은 변해야만 한다. 변해야만 한다는 사실을 인정하는 데서 자존심을 다치더라도 말이다. 아주 간단하다. 증거를 똑바로 마주하고 반대 관점에 주의를 기울여 정확성을 분석하고 적절한 변화를 시행하면 된다.

흔히 "사람은 절대 변하지 않는다"고 한다. 그러나 그 말은 사회적 거짓 능력이다. 틀린 말인데도 남들이 그렇게 생각한다는 이유로 다들 믿는다. 현실적으로 사람은 매일 변한다. 때로는 좋은 쪽으로, 때로는 나쁜 쪽으로. 하지만 누구에게나 긍정적으로 변할 수 있는 가능성이 있다. 보다 나은 정보가 주어지면 미래를 위해 보다 나은 결정을 내릴 수 있다.

거짓 능력을 길들이기 위한 첫 단계는 당신이 만족시키려는 대상이 누구인지 파악하는 것이다. 사실 누구나 타인에게 잘 보이려고 애쓴다. 부모, 애인, 동료, 심지어 적한테까지. 하지만 타인의 시선에서 벗어나면 그 무엇과도 비교되지 않는 막강한 힘이 느껴진다. 타인을 만족시키려고 애쓰지 않으면 마침내 자신을 만족시킬 수 있다. 훨씬 단순한 삶의 방식이다. 위대한 사람들이 살아가는 방식이기도 하다. 토머스 에디슨Thomas A. Edison은 남들한테 잘 보이려고 애쓰지 않았다. 자신의 생각을 스스로에게 증명하려고 애썼을 뿐이다. 그 결과 인류는 밝은 불빛 속에서 살아간다. 빌 게이츠Bill Gates도 남을 만족시키려고 하지 않았다. 컴퓨터에 대한 열정이 하버드 졸업장을 포기할 만큼 가치 있는지 스스로 알아보려고 했을 뿐이다. 자신을 만족시키려고 했기에 모든 사람들을 만족시킬 수 있었다.

진실한 인생 설계

지금까지 자신을 속이게 되는 과정과 나쁜 결정이 가져오는 엄청난 결과를 살펴보았다. 이제는 진정으로 원하는 삶을 설계하는 방법을 알아보자. 당신의 자산에 대해 이야기해보자.

진정으로 원하는 삶을 설계하기란 보기보다 복잡하다. 왜냐하면 목표를 자세하게 말할 수 없기 때문이다. 자신이 무엇을 원하는지 대략적으로는 알아도 자세히 말하기는 쉽지 않다. 그러한 모순 때문에 장기적인 행복을 위한 최선책이 아닌 것을 선택하게 된다. 그러므로 정확성이 필요하다. 당신이 마음속으로 원하고 그리는 그림을 토대로 눈에 보이는 그림을 그려야 한다. 말하자면 개방형 구조로 이루어진 설계도인 셈이다.

우리 회사는 고객이 비전을 자세히 설명하도록 돕는 데서 '설계 과정'을 시작한다. 이는 쓰레기 수거 업체 1-800-GOT-JUNK를 유명하게 만든 기업가 카메룬 헤럴드Cameron Herold한테서 빌린 개념이다. 헤럴드의 관점에 따르면 기업가는 목적지에 대한 비전이 뚜렷해야 직원들에게 영감을 줄 수 있다. 그는 이것을 '그린 그림 Painted Picture'이라고 부른다.

헤럴드는 누구나 쉽게 이해할 수 있도록 꿈에 그리는 집을 짓는 것에 비유한다. 당신은 어디에 집을 짓고 싶은가? 침실과 화장실은 몇 개였으면 좋겠는가? 풀장도 있었으면 하는가? 스키장이 내려다보이는 아스펜이 좋은가, 해변이 내려다보이는 마우이가 좋은가? 이러한 질문에 답하면 구체적인 비전이 생겨서 매우 효율적이고 생산적으로 집을 지을 수 있다. 물론 건축가에게 3백만 달러를 주고 맡기는 방법도 있다. 하지만 9개월 만에 가보면 당신이 원하는 대로 지어지고 있을까? 그럴 가능성은 드물다.

당신과 재무설계사는 당신의 라이프스타일을 설계하는 건축가다. 포트폴리오 매니저는 건설업자다. 당신에게 가장 알맞은 집을 지으려면 어떤 집을 원하는지 사전에 분명하게 밝혀야 한다. '그린 그림'이 있어야만 재무설계사로 하여금 당신의 꿈을 면밀하게 검토하도록 할 수 있다. 그 그림은 재무설계사가 대신 그릴 수도 없으며, 그려서도 안 된다.

재무설계사에게 확인해야 할 세 가지 기준

재무설계사를 만난 후에는 미처 못 한 말이 있다거나 뭔가 빠진 듯한 기분이 드는가? 그렇다면 다음부터 아래의 기준을 확인해보기 바란다.

■ 말하기와 듣기의 비율

재무설계사가 주로 말하는 편인가, 듣는 편인가? 내 경험에 의하면 재무설계사와의 미팅에서 첫 1시간 동안 고객이 말하는 비율은 75퍼센트여야 한다. 설계사가 탐색을 위한 질문을 할 것이다. 만약 그가 듣기보다 말을 더 많이 한다면 당신의 상황을 인정하지 않으려고 한다는 뜻이다. 그가 아니라 당신이 주도해야 한다. 그렇지 않으면 다른 고객들과 똑같은 조언을 듣게 될 것이다.

■ 설계와 투자의 비율

재무설계사가 당신을 위한 설계에 대한 이야기를 더 많이 하는가, 포트폴리오 투자에 대한 이야기를 더 많이 하는가? 설계에 대한 이야기가 차지하는 비율이 80퍼센트 이하라면 그는 무엇이 중요한지 이해하지 못하는 것이다. 당신의 투자는 예측 불가능이다. 이익과 손실을 통제할 수 없다. 그러나 이익과 손실의 시나리오를 만들어 재무설계를 통제하는 것은 가능하다. 포트폴리오에 대한 일반적인 언급 이외에 잠재적 위험을 평가하는 데 집중해야 한다.

■ 재무설계서의 분량

일반적으로 재무설계서는 10페이지가 넘어가면 안 된다. 재무설계서의 목적은 복잡함을 단순화해서 당신이 오늘 실행할 수 있는 중요한 행동 단계를 만드는 것이다. 그 외에는 중요하지 않거나 추측에 불과하며, 정작 중요한 것에 집중할 수 없게 만든다.

어느 고객이 나를 찾아오기 전에 애틀랜타에 있는 유명한 CPA 회사에 재무설계를 맡겼다. 그 분량은 장장 130페이지나 되었다. 몬테 카를로로 40년 후를 시뮬레이션 한 결과와 예측까지 포함되어 있었다. 심지어 40년 후 고객의 자산이 7천만 달러가 넘을 가능성이 높다는 말도 적혀 있었다. 그러나 정작 서류에는 고객을 무일푼 신세로 전락시킬 수도 있는 중요한 두 개의 지뢰가 빠져 있었다. 그는 공허함을 지울 수 없었다.

지금쯤 당신은 예측을 토대로 한 재무설계가 부에 얼마나 해로 운지 잘 알 것이다. 10페이지가 넘는 설계서라면 매우 상세한 설명이 뒤따라야만 한다. www.onlygetrichonce.com/plan에서 올바른 재무설계서 견본을 확인할 수 있다.

간단한 넛지를 언제나 기억하라. 존경할 만하고 친절하고 업무를 제대로 처리하려는 '똑똑한' 재무설계사라도 넛지가 없을 수 있다. 부유층 고객은 바뀌어야만 하는 것을 바꾸는 전략을 써야 한다. 인간이 가진 훌륭한 수단인 상식을 활용해서.

진정한 삶은 소유와 전혀 상관없으며 존재와 상관있다. 행복한 부자도 있고, 가난하지만 행복한 사람도 있다. 오직 돈이 행복을 결정하지 않는다. 개인의 선택이 행복을 좌우한다.

행복

새와 물고기는 서로 사랑할 수 있지만 어디에서 함께 살아야 할까?(1998년에 개봉된 영화 〈에버 애프터〉 대사 인용) 사람들은 무엇에 행복을 느끼는지 잘 모르는 경우가 많다. 심한 경우에는 잘 알면서도 실현하지 못한다.

이 장의 분량이 짧은 데는 이유가 있다. 인생에서 가장 의미 있는 것은 단순한 법이니까. 찾기도 어렵지만 계속 간직하기는 더욱 힘들다. 행복 말이다.

행복이라는 말을 들으면 무엇이 떠오르는가? 주식 차트나 시장 분석표를 떠올리지는 않기 바란다. 레이첼 켐스터Rachel Kempster 와 멕 레더Meg Leder는 『행복한 책 : 행복을 느끼게 해주는 것들The Happy Book : A Journal to Celebrate What Makes You Happy』에서 행복의 근원이 매우 단순하다고 강조한다. 일상에서 행복을 느끼게 해주는 것들이 너무나 많지만 질문을 받기 전까지는 대부분 잊고 지낸다.

이를테면 하품, 스트레칭, 젖은 신발과 양말을 갈아 신는 것, 일몰을 바라보는 것 등이 포함된다. 저자들은 이렇게 설명한다.

"행복이란 즐거움을 주는 것, 가슴부터 발끝까지 진정한 기쁨을 느끼게 해주는 것, 감사의 마음으로 조용히 내면을 가득 채우는 것, 그저 지독한 만족감을 주는 것들이다."

행복은 쉴 곳을 찾는 여행자와 같다. 우리의 관심을 얻으려고 하고 어떻게 해서든 얼굴에 미소가 퍼지게 만들려고 한다. 행복은 가장 예기치 못한 곳에서 순간적으로 나타난다. 지하도에서 플루트 소리가 울려 퍼질 때, 라디오를 끈 채 해변 도로를 운전할 때. 그 순간 우리는 살아 있음을 느낀다. 자유로 모든 것을 바꿀 수 있음을 깨닫는다.

당신이 가장 행복했던 순간은 대학 졸업식 날일지도 모른다. 행복한 순간은 과거를 되돌아볼 때 비로소 알 수 있다. 졸업은 궁극적인 자유를 상징한다. 돈도 없고 의무도 없고 그저 창창한 앞날이 눈앞에 놓여 있을 뿐. 아무런 조건도 없다. 그때로 돌아갈 수 있음을 아는가? 돌아가는 길이 있다.

조너선 하이트^{Jonathan Haidt}는 저서『행복 가설 : 고대의 지혜 속에서 현대의 진실 찾기^{The Happiness : Finding Modern Truth in Ancient Wisdom}』에서 몇 가지 흥미로운 사실을 알려준다. 그에 따르면 일반적으로 다음의 네 가지가 존재할 때 행복을 느낄 수 있고 행복이 계속 지속될 수 있다.

- 통제
- 발전
- 비전
- 소통

나도 네 가지가 전부 필요하다는 데 의견을 같이한다. 하지만 어떻게 해야 얻을 수 있을까? 우선 무엇이 당신을 행복하게 만드는지 알아야 한다. 행복은 천둥 번개처럼 요란하게 나타나는 경우가 드물기 때문에 세밀하게 주의를 기울여야만 알 수 있다. 대개 행복은 조용하고 겸손하게 다가온다. 따라서 작은 일에도 관심을 기울여야 한다.

행복의 의미를 정의한 다음에는 자기만의 행복 지도를 만들어야 한다. 이미 정해진 일반적이고 강요된 길을 버리라는 뜻이다. 고든 리빙스턴Gordon Livingston은 『너무 일찍 나이 들어버린, 너무 늦게 깨달아버린Too Soon Old Too Late Smart』에서 군대 복무 시절 이야기를 한다. 리빙스턴은 훈련 도중에 방향을 잃고 말았다. 눈앞에 보이는 것과 지도가 일치하지 않았다. 그때 하사가 이렇게 말한다. "만일 지도가 지형과 다르다면 지도가 잘못된 것이다."

재무설계사이자 코치로서 내 목표는 당신의 지도와 지형을 일치시켜 행복을 찾고 행복이 이끄는 인생 여정을 걸을 수 있도록 돕는 것이다. 지형과 다른 조언이나 투자 기회, 사업은 잘못된 것이다. 간단하다.

이 책은 영감을 주고자 한다. 이 책이나 다른 사람들의 제안을 맹목적으로 따르기보다는 서로 의견을 나누고 소통하기를 바란다. 이 책을 참고하고 직접 경험과 섞는다면 최선의 결론에 도달할 수 있을 것이다. 당신만의 행복 지도를 만들 수 있다.

지금 행복해져라.

자립 포인트

누구나 마음속 깊은 곳에서는 자신이 무엇을 원하는지 알고 있다. 말로는 표현할 수 없더라도 말이다. 살다 보면 현실의 벽에 부딪쳤다는 변명으로 오랫동안 꿈을 미루고 더 이상 중요하지 않다고 스스로를 속이게 된다. 어린아이 같은 생각이라며 꿈을 폐기처분해버리기도 한다. 하지만 조금만 솔직해지면, 비록 방치해두기는 했지만 당신의 꿈이 마음속에서 계속 숨 쉬고 있었으며, 아주 작은 계기로 깨어날 수 있음을 알 수 있다. 지쳤지만 꿈은 여전히 살아 있다. 우리더러

다시 한 번 숨을 불어넣어달라고 애원한다.

그런데 또 살다 보면 도저히 불가능해 보이는 일을 해내는 사람들을 보게 된다. 평생 패자라는 꼬리표를 달고 살아온 운동선수가 올림픽의 결승선을 가장 먼저 지나는 모습, 빈털터리 젊은 사업가가 열정과 끈기라는 무형의 자산만으로 거대한 제국을 일구는 모습을 본다. 그러한 모습은 우리에게 행복을 좇아 꿈에 전념할 수 있다는 희망을 느끼게 해준다. 문제는 굳은 다짐을 지켜가는 일이다. 일시적인 생각이 아니라 일상이 되어야 한다.

돈이 있는 사람들은 좋은 기회를 부여받는다. 포기하지 않고 꿈을 좇을 수 있는 기회다. 하지만 그러려면 자산을 인식하고 관리하는 방법을 돌아볼 필요가 있다.

"부를 가지고 무엇을 할 것인가?"가 아니라 "부가 당신에게 무엇을 해줄 것인가?"가 문제다. 다음 사례는 자립 포인트가 행복한 삶으로 나아가는 데 얼마나 효과적인지 확실하게 보여준다.

30대 후반의 여성 고객이 있었다. 그녀는 대기업에서 많은 급여를 받는 데다 근검절약하는 성격이었다. 우리는 그녀의 삶에 행복을 더해주지 않는 경비를 모조리 없애는 일부터 시작했다. 일단 두 채의 주택담보 대출금을 전부 해결했다. 그리고 10년간 지불

되는 이연보상계획DCSP을 선택해서 10년 동안 현금이 들어올 수 있도록 했다. 직장생활에 염증을 느끼던 그녀는 직장을 그만두고 새로운 인생을 찾고 싶어했다. 따라서 금전적인 걱정 없이 한동안 방황해도 될 만한 준비를 갖추어 놓아야만 했다. 그러던 참에 DCSP는 둘도 없이 좋은 기회였다.

그녀는 42세부터 10년 동안 매년 10만 달러씩 받을 수 있도록 충분한 급여를 이연해두었다. 소비 패턴이 변하지 않는다고 가정할 때 42세부터 52세까지 10년 동안 그 돈으로 생활비를 충당할 수 있었다. 제2의 삶을 찾아 헤매는 동안에도 어렵지 않게 생활할 수 있었다. 하지만 문제가 하나 있었다. 사회보장연금은 62세부터 나오는 데다 그 금액이 연간 10만 달러나 될 리도 없다는 사실이었다.

그녀가 받게 될 사회보장연금이 연간 2만 4천 달러라고 해보자. 따라서 62세부터 연간 7만 6천 달러가 부족해진다. 지금부터 그때까지 매년 7만 6천 달러를 확보할 수 있도록 자산을 쌓아야만 한다. 따라서 연간 7만 6천 달러를 만들어낼 만한 자산을 갖추었을 때가 그녀의 자립 포인트라고 할 수 있다. 그 목표를 달성하면 이론적으로 평생 필요한 소득이 생기는 것이다.

물론 이 계획에 위험이 없는 것은 아니다. 회사가 부도날 수도 있지만 그녀는 추가로 위험을 무릅쓸 필요가 없다. 아주 중요한 차이다. 자신의 자립 포인트를 정확히 알아야 한다. 하지만 안타깝게도 대부분은 자립 포인트가 언제인지는 물론, 얼마만큼의 금액이 필요한지도 알지 못한다. 최고 부자에 속하는 사람들도 대개 마찬가지다.

내가 새로운 고객들에게 항상 던지는 질문이 있다. "당신에게 자립은 어떤 의미인가요? 아침에 일어났을 때 모든 문제가 해결되고 무엇이든지 원하는 대로 할 수 있다면 당신의 인생은 어떤 모습일까요?" 그러면 모두들 이상한 표정으로 바라본다. 그 이유는 "행복해질 수 있는 일에 돈을 써야 합니다"라고 말해주는 사람이 한 명도 없기 때문이다.

재정적 평화

그렇다면 재정적 평화는 어떤 모습일까? 어떤 느낌일까? 불안, 스트레스, 두려움, 희망, 기도가 행복과 만족으로 바뀔 것이다. 자립 포인트에 도달하면 뿌연 안개가 걷히고 세상에서 가장 아름다운 풍경이 눈앞에 펼쳐진다. 그 풍경은 계속 그 자리에 있었다. 안

개에 가려져 보이지 않았을 뿐.

새로운 고객들은 종종 나에게 묻는다. "그런데 도대체 자립 포인트라는 게 정확히 뭐죠?" 내 대답은 이러하다.

당신의 자립 포인트는 당신이 원하는 삶을 살기 위해 필요한 돈이 일하지 않고도 마련되는 시점에 나 있는 교차로다. 반드시 일일이 직접 계산해봐야 한다. 자립 포인트는 고객마다 다르다. 누구에게나 적용되는 견본 따위는 없다. 자립 포인트는 마치 눈송이처럼 똑같은 것이 단 하나도 없다.

자립 포인트로 향하는 발걸음은 간단하다. 하지만 한 번도 훈련받은 적 없는 사고방식이므로 내딛기가 쉽지 않다. 처음에는 남들과 다르다는 점에서 이상하게 느껴진다. 하지만 장담하건대 행복감에 금방 적응될 것이다. 그러나 미리 경고하겠지만 골프 게임이나 칵테일 파티에서 꺼낼 이야깃거리는 없어진다.

재정적 평화는 외로운 공간일 수도 있다. 난기류에 방해받지 않고 평화롭게 하늘을 나는 것이 외로움이라면 말이다. 또한 모든 사람들에게 받아들여지는 사고방식도 아니다. 하지만 걱정할 필요 없다. 절대로 만족할 줄 몰라 행복해지지 못하는 사람들도 있으니까. 재정적 평화를 찾고 싶다면 다음 내용이 도움이 될 것이다. 남들과 다른 생각으로 부를 지키고 행복해지고 싶다면 참고하기 바란다. 내가 디딤목으로 삼는 것들이기도 하다.

1. 변동 소득으로 고정 지출을 충당하지 않기
2. 안전망 구축하기
3. 현금 흐름을 위해 투자하기
4. 인생을 즐기기

변동 소득으로 고정 지출을 충당하지 않기

지금까지 이 책에서 배운 것이 하나도 없다면 이제 하나쯤은 있어야 할 때다. 나는 이야기를 좋아하므로 먼저 자립 포인트에 도달한 사람의 경험담을 소개하겠다. 그런 다음 자립 포인트에 도달하기 위해서 필요한 틀을 설명하겠다.

미 해군의 핵 엔지니어로 출발한 고객이 있었다. 잠수함의 원자로를 관리하는 기술은 결코 흔하지 않다. 군대의 가장 좋은 점은 20년 동안 근무하고 퇴직하면 연금이 나온다는 것이다. 그는 군에서 물러난 후 전력 회사에 들어갔다. 덕분에 연금이 하나 더 생겼다. 몇 년 후 회사를 그만두었지만 곧 지루해져서 다른 전력 회사에 취직했다. 또 연금을 확보했다. 은퇴 이후 그와 아내는 그의 사회보장연금, 아내의 사회보장연금, 그의 군 연금과 두 개의 퇴직 연금을 받게 되었다. 소득원이 다섯 개나 되면 평생 매우 특별한 위치에 놓일 수 있다. 설사 순자산이 0인 한이 있더라도 죽는 날까지 필요한 돈을 충당할 수 있게 되었다!

따라서 그는 현금 흐름에 닥칠 수 있는 재앙만 걱정하면 되었다. 금융 위기는 그의 재정 상태에 아무런 영향을 끼치지 못했다. 그는 자신만큼 운이 좋지 못한 사람들이 안타까울 뿐이었다. 그는 고정적으로 들어오는 소득으로 고정된 지출을 충당했다. 안타깝게도 지금 연금은 멸종 위기에 처했고, 사회보장연금은 지난 세월이 남긴 가장 최근의 유물이 되어가고 있다. 따라서 그처럼 자립 포인트에 도달하려면 약간 길을 바꿀 필요가 있다.

사람들은 대부분 대차대조표에 초점을 맞춘다. 세금 신고 시즌이 되면 퀴큰Quicken 같은 회계 프로그램에 맡겨 현금 흐름 명세서를 신속하게 요약한다. 그러면서도 주식 포트폴리오와 기타 자산 상황은 하루도 빠지지 않고 매일 직접 확인한다. 완전 거꾸로다. 대차대조표는 아무런 의미도 없고 집중력만 떨어뜨린다. 의사결정을 대차대조표에 의존하는 사람들은 스스로 무너지게 되어 있다. 반면 성공을 지켜가는 사람들은 현금 흐름 명세서에 집중하면서 가장 중요한 규칙을 반드시 준수한다. 바로 변동 소득으로 고정 지출을 하지 않는 것이다.

고정 지출은 시간이나 공간에 상관없이 들어가는 돈이다. 해외여행중이든 병원에 입원했든 주택담보 대출금은 꼭 지출해야 하는 돈이다. 사립학교에 선납 제도는 있지만 할부 제도는 없다. 보험 혜택을 받고 싶으면 보험료도 계속 내야 한다. 전력 회사는 당신이 전기세를 낼 때까지 6개월이나 기다려주지 않는다.

가변 지출은 휴가, 골프 여행, 미용실 예약, 외식 등이 포함된다. 좀 더 넓게는 모닝커피, 자녀의 축구 및 피아노 레슨, 유기농 식품 구입 등까지 포함할 수 있다. 원하지만 꼭 필요하지는 않은 모든 것이 가변 비용에 포함된다. 내 고객들은 대부분 아메리칸 익스프레스 카드로 모든 지출을 하고 포인트를 적립한다. 연간 사용 내역서에서 모든 지출 항목을 더하면 가변 비용을 계산할 수 있다.

고정 지출과 가변 지출을 전부 합하면 연간 필요한 비용이다. 연간 필요한 비용은 성공의 측정 기준이 된다. 일하지 않고도 마련된다면 자립 포인트에 도달한 것이다.

그런데 스스로 무너지는 부자들은 변동 소득으로 고정 지출을 충당한다. 변동 소득은 주식 투자, 주식 옵션이나 보너스 같은 변액 보상 패키지, 또는 기업의 성공이 가져다줄 미래의 수익 등에서 발생하는 소득이다. 현금 유입의 양과 타이밍을 알 수 없다. 2008년부터 2009년 사이의 시장 붕괴의 여파는 아직도 생생하지만 주식 시장의 반등이 투자자들의 기억을 흐리게 만든다. 1987년과 2000년, 2002년은 진즉에 잊어버렸다. 하지만 금융 위기의 끔찍한 기억은 좀 더 오래가기를 바란다. 당신이 이 책을 읽는 지금이 2012년이든 2019년이든 그보다 훨씬 나중이든 한 가지는 변하지 않을 것이다. 주식 투자 수익으로 고정 지출을 충당하려는 사람은 금융 위기에 엄청난 타격을 받는다는 것. 자립 포인트에 도달하려면 변동성 현금 유입은 무시해야 한다.

고정 유입은 노동이 최소한 또는 아예 필요하지 않은 고정적인 소득이다. 연금이 여기에 속한다. 그 외 대출금이 없는 부동산에서 나오는 임대 수익이나 창조적 저작물에 대한 저작권료, 채권 소득, 이연보상계획, 안정된 직장의 급여 등이 포함된다. 특별한 일이 생기지 않는 한 계속 이어지리라고 확신할 수 있는 소득이다. 실패가 변동성을 만든다.

고정 유입과 연간 필요한 비용을 비교했을 때 연간 부족한 금액이 당신의 장애율hurdle rate이다. 지출을 줄이거나 유입을 늘려

부자로 가는 경제학

야만 자립 포인트에 도달할 수 있다. 돈을 어디에 쓰건 자신의 마음이다. 행복해질 수 있는 데 쓰도록 돕는 것이 내 임무다. 시간은 미지의 변동 요소이기 때문이다.

■ 현금 흐름의 잠재적 위험

이것은 연간 필요한 비용에 따르는 잠재적 위험을 계산하기 위함이다. 만약 모든 소득이 내일 당장 끊긴다면 어떻게 부족액을 채울 것이며, 줄일 수 있는 지출은 무엇인가? 이것은 당신이 시행해야 할 가장 중요한 심적 시뮬레이션이다. 정확하게만 한다면 염려되는 부분이 즉각 드러난다. 왜 그렇게 위험한지도 알 수 있다. 비행 시뮬레이터는 추락시 조종사의 반응을 볼 수 있는 시나리오를 만든다. 비밀수사국은 요원들이 갑자기 이마에 총이 겨누어진 상황에서 살아남으리라고 기대하지 않는다. 그렇지만 요원들에게 새로운 생각을 하지 않을 수 없도록 만들므로 필수적인 훈련이다. 생각이 바뀌면 새로운 관점으로 사물을 볼 수 있다.

현금 흐름에 재앙이 닥쳐도 살아남는 사람들에게는 여러 공통점이 있다. 그들은 현금 소득원과 안전망을 여럿 갖추었다(다음 소제목에서 자세히 살펴보기로 한다). 또한 일반적으로 고정 지출보다 변동 지출이 많다. 절대로 하루아침에 가능하지는 않지만 고정 지출은 점차 조정할 수 있다. 이는 매우 중요하다. 변동 지출은 새로운 상황에 적응할 수 있지만 고정 지출은 쉽게 바뀌지 않기 때문이다. 개인적으로 고정 지출이 연간 필요한 비용의 50퍼센트를 넘어가면 불안해진다.

많은 사람들이 손쉬운 신용 거래와 정부의 보조금으로 단독 주택과 휴가용 별장에 과도하게 투자해 엄청난 타격을 입었다. 사실 그것은 미리 간단하고 정확하게 시뮬레이션 할 수 있는 상황이었다. 현금 흐름 명세서에서 고정 비용과 가변 비용을 구분하면 주거용 부동산이 자립 포인트에 끼치는 해악이 한눈에 보인다.

50만 달러짜리 주택을 유지하려면 공과금, 보수 관리, 재산세, 보험을 포함해 연간 1만 5천~2만 5천 달러가 든다. 100만 달러짜리 주택이라면 2만 5천~5만 달러, 200만 달러짜리는 5만~10만 달러가 필요하다. 주택담보 대출을 무시할 때 그 모든 비용은 세금 공제가 되지 않으므로 소득세를 낼 만큼 소득이 필요해진다.

주택 위기는 언제나 그 자리에 있었던 문제를 드러내주었다. 바로 주거용 주택이 보트보다 현금 흐름에 해롭다는 사실이다. 나는 고객들에게 꼭 필요하거나 마음에 든다거나 고정 지출에 따르는 위험을 감당할 수 있을 때만 집을 구입하라고 말한다. 투자 목적으로는 절대 구입하지 말라고. 집은 현금 소득을 잡아먹는 절대로 잠들지 않는 괴물이다.

고정 비용을 줄이는 한 가지 방법은 빚을 전부 청산하는 것이다. 예를 들어 5퍼센트 금리로 50만 달러의 주택담보 대출을 받는다고 해보자. 부유층 고객에게는 꽤 합리적인 조건이다. 금리 수준도 괜찮고 CPA는 스케줄 A(Schedule A, 연방 납세신고에 첨부하는 항목별 공제 명세서-역주)에 쓸모없는 공제 항목이 추가되어 좋아할 것이다. 한 달 납입액은 2,600달러다. 당신은 이렇게 생각할지도 모른다. "수익률이 5퍼센트 이상이라면 주택담보 대출금을 갚는 것보다 투자하는 게 낫겠어. 역사적으로 시장 수익률은 8~12퍼센트니까." 그러나 그러면 두 가지 측면에서 부족액이 발생하게 된다.

첫째, 세금 공제 혜택을 받고 대출 받은 50만 달러를 갚아야 하므로 당신의 주머니에서 나간 실제 현금은 5퍼센트보다 훨씬 많다. 둘째, 당신은 확실성을 가능성과 바꾸려 하고 있다. 돈 있는 사람들이 절대로 해서는 안 되는 일이다.

이 시나리오에서 고정 지출은 연간 31,200달러다. 똑같은 50만 달러로 투자를 한다면 수익률 6.2퍼센트가 보장되어야만 주택담보 대출금을 충당할 수 있다. 그러나 그 돈을 내기 전에 거쳐야 할 단계가 하나 있다. 바로 국세청IRS이다. 한마디로 31,200달러의 고정 비용을 만들어내기 위해 투자 수익에 대한 세금을 내야 하는 셈이다. 주택담보 대출 납입금 전액을 비과세 지방채^{municipal bond}에서 올리는 수익으로 충당하지 않는 한 (일반적인 지방채 금리에 따르면 50만 달러의 주택담보 대출금을 갚으려면 200만 달러 이상이 든다) 현금 소득원은 급여나 투자 수익이 된다. 둘 다 과세 대상이다.

운 좋게 소득세를 내지 않아도 되고 한계 과세율^{marginal tax bracket}이 가장 높은 수준이라고 가정한다면 31,200달러의 대출금을 위해 4만 8천 달러의 수익을 올려야 한다. 이자를 공제받아 세금을 최대 9천 달러 아낄 수 있지만 실제로 절약되는 금액은 훨씬 적을 것이다. 보장 수익률이 9퍼센트를 넘기는 힘들다.

그것이 전부가 아니다. 확실성은 보장이고 가능성은 그저 가능성일 뿐이다. 주택담보 대출이 있으면 매달 내야 하는 대출금과 잔뜩 남은 대출 잔액이 확실성에 해당한다. 절대로 바뀌지 않는 금액이다.

반면 인생은 가능성이다. 비즈니스나 커리어, 금리, 투자 수익, 사는 지역, 필요 등 인생의 거의 모든 것은 불확실하다. 전부 '만약에' 부문에 속한다. 그렇기 때문에 고정된 의무는 엄청난 위험을 낳는다. 고정 의무가 사라지면 자유가 생긴다. 따라서 일단 대출금부터 갚아야 한다.

현금 흐름에 집중할 것. 변동 지출과 고정 지출의 관계를 파악할 것. 최소한 1년에 한 번씩 잠재적인 위기 상황을 분석할 것. 그러면 영원히 자립을 지킬 수 있다. 아주 잠깐 동안만 대차대조표에 대해 살펴보자.

안전망 구축

자산 위기는 나중에 지나고 보면 쉽게 이해되지만 미리 예측하기는 거의 불가능하다. 자처한 경우도 있지만 대부분은 예기치 못한 사건이 가져오는 엄청난 타격 때문에 생긴다.

친구이자 사업 파트너와 여러 호텔을 거느렸던 친구가 있다. 그들은 45퍼센트의 지분에 더해서 소수 주주의 10퍼센트를 보유했다. 애틀랜타의 어느 화창한 금요일 오후 그의 인생은 송두리째 바뀌었다. 그는 급하게 이사회가 소집된다는 이메일을 받았다. 막판에 연락받은 터라 당연히 참석할 수가 없었다. 나중에 알고 보니 처음부터 그렇게 의도된 일이었다. 그는 도로 한복판에서 다음의 내용을 통보받았다.

이사회(그의 '친구'가 소수 주주들과 손잡고 결성한 것)가 그의 공동소유권을 취소했으며 보상금 지급도 즉각 중단했다는 것이었다. 게다가 회사는 주주들에게 배당금 지급을 전면 중단했다. 그는 졸지에 자기가 만든 회사에서 해고당했다.

그의 재정에 핵폭탄과도 같은 사건이었다. 그런 사건은 월요일까지 연락을 취할 수 없도록 으레 금요일에 터지기 마련이다. 그와 아내는 주말 내내 절망에서 허우적거렸다. 내가 무슨 잘못이라도 했단 말인가? 앞으로 식구들을 어떻게 먹여 살릴까? 아내가 다시 취업을 해야 할까? 도무지 답을 알 수 없는 온갖 의문으로 걱정과 절망이 커졌다. 하지만 안타깝게도 그가 모르는 사이 이미 예정된 불행이었다. 해고의 합법성이나 수익 지급 중단은 처음부터 의심의 여지가 분명했지만 불확실한 상황에 확실한 돈과 시간을 들여 법정 공방을 벌일 사람이 있을까? 다행히 그에게는 아무도 예측하지 못한 것이 하나 있었다. 바로 현금 100만 달러였다.

현금은 훌륭한 자산이다. 덕분에 그는 인내를 가지고 감정을 추스를 수 있었고 최선의 행동이 무엇인지 신중하게 생각해볼 수 있었다. 아내는 자녀들의 교육비를 걱정하지 않아도 되었고, 그는 네 차례의 일자리 제의를 거절하고 새로운 사업을 시작할 수 있었다. 또한 유능한 변호사를 고용해 정의를 위해 투쟁하고 막대한 돈을 되찾아올 수도 있었다. 모두 현금 덕분에 공황 상태에 빠지지 않고 침착하게 대처할 수 있었기 때문이다.

부자로 가는 경제학

회계 용어에서 현금은 유동 자산에 해당한다. CPA들이 현금을 유동 자산이라고 부르는 이유는 필요에 따라 즉각 적응할 수 있는 융통성 때문이다. 현금은 그만큼 위력적인 자산이다. 재정적으로 불확실한 시기일수록 적응력에서 힘이 나온다. 현금은 하방 보호 downside protection 이외에 또 다른 능력이 있다. 바로 기회를 제공한다는 것이다.

내 친구 그레그 크랩트리Greg Crabtree가 저서 『간단한 숫자, 명료한 대화, 높은 수익!Simple Numbers, Straight Talk, Big Profits!』에서 말했듯이 현금은 기회를 끌어당기는 자기장이다. 현금이 있으면 사람들이 알아서 당신에게 몰려든다. GE의 전설적인 CEO 잭 웰치Jack Welch는 현금을 보유하고 있었으므로 경기 침체가 오기를 바랐다. 워런 버핏Warren Buffett이 골드만 삭스를 금융 위기에서 구해준 것도 현금 덕분이었다. 그들은 다들 현금이 없을 때 현금을 가지고 있었으므로 엄청난 수익을 올렸다. 2010년 연간보고서에 따르면 버크셔 해서웨이(Birkshire Hathaway, 워런 버핏이 운영하는 투자지주회사-역주)가 보유한 현금 및 현금등가물은 380억 달러에 달한다.

현금 말고도 유동 자산이 있을 수 있다. 적은 비용으로 즉각 현금화할 수 있는 자산도 유동 자산에 속한다. 과세 계좌의 뮤추얼 펀드와 주식, 채권은 곧바로 유동화할 수 있다. 반면 401(k)나 IRA

는 당신이 70세일 때는 더없이 소중하겠지만 40세에는 실제적으로 아무런 가치가 없다. 부동산, 사모 펀드, 헤지펀드는 유동성이 없다.

그렇다면 유동 자산은 얼마나 필요할까?

나는 유동 자산이 순자산의 30퍼센트 이하로 내려가면 불안해진다. 물론 사람마다 다르겠지만 유동 자산이 많이 필요할 때가 있다. 한번 생각해보라. 내일 당장 인생 최고의 기회가 생기거나 가장 끔찍한 비극이 닥친다면 당신이 쓸 수 있는 돈은 얼마인가? 대답이 썩 마음에 들지 않는다면 당신에게 유동 자산이 부족하다는 뜻이다.

금융 팩토리는 인플레이션 위험 때문에 현금을 소모성 자산으로 분류한다. 그들은 인플레이션에 대한 두려움으로 고객의 심리를 자극해서 안전한 자금을 투자하게 만든다. 고객이 현금을 쥐고 있는 한 수익을 낼 수 없기 때문이다.

인플레이션의 함정에 빠지지 마라. 물론 인플레이션은 실제 현상이지만 실제로 부에 끼치는 영향력은 의심스럽다. 나이 지긋한 고객들은 인플레이션의 전성기를 향수로 기억한다. 15퍼센트에 CD를 구입할 수 있었다고 그리워한다. 유동 자산이 있으면 인플레이션은 오히려 기회가 된다. 예측할 수도 제어할 수도 없는 인플레이션 위험 때문에 손실을 본다는 것은 말도 안 된다. 현금이 있다면 절대로 인플레이션을 걱정할 필요가 없다.

현금 흐름을 위한 투자

지속적인 현금 소득원이 있다는 것은 너무도 멋진 일이다. 매달 황금알을 하나씩 낳는 거위를 가진 것이나 마찬가지다. 얼마 전 채권 수익으로 매년 20만 달러의 현금을 받는 여성 고객과 점심 식사를 했다. 금융 팩토리는 오직 채권만 보유하고 있는 그녀가 제정신이 아니라고 생각한다. 엄청난 투자 수익을 놓치고 있다고 쉬지 않고 강조한다. 그러나 그녀는 싸워 이겼다. 앞에서 소개한 핵 엔지니어처럼 그녀의 은행 계좌에도 다달이 현금이 들어온다. 또 다른 고객은 부동산에 매진해 여러 쇼핑센터를 빚 없이 소유한 덕분에 평생 일하지 않고도 먹고살 수 있다. 딸이 부동산을 관리한다. 집에서 가정주부로 아이를 돌보면서 돈을 버는 셈이다. 이처럼 지속적인 현금 흐름은 자유를 선사한다. 한 번 더 말하겠다. 지속적인 현금 흐름은 자유를 선사한다.

위험이 전혀 없는 것은 아니다. 예기치 못한 일은 누구에게나,

그것도 가장 적합하지 않은 때에 닥칠 수 있다. 위 고객은 금융 위기 때 세입자의 40퍼센트를 잃었다. 그러나 빚이 하나도 없고 가진 현금이 많았으므로 두둑한 선불 인센티브를 내세워서 다른 건물의 세입자들을 끌어올 수 있었다. 현재는 손실을 전부 메운 데다 그 어느 때보다 잘나간다.

현금 흐름을 관리할 때는 항공기 제조업체들의 신조에 따라 중복 시스템을 구축할 필요가 있다. 비행기는 3중의 중복 시스템으로 이루어진 덕분에 하나가 고장 나도 전체 기능이 멈추어버리는 응급 상황이 발생하지 않는다. 예비로 마련된 나머지 두 개의 시스템이 대신 작동하기 때문이다. 나중에 착륙해서 뚝딱 수리하면 끝이다. 이처럼 서로 관련 없는 현금 소득원이 여럿 있으면 가장 안전하다. 물론 일이 잘못될 가능성이 아예 없지는 않지만 실패의 타격을 최소화할 수 있다. 재앙이 당신의 인생에 끼치는 영향력이 줄어든다.

하지만 주의할 점이 있다. 현금 흐름을 좇다가 발생한 손실이 주식 시장에서 날린 돈보다 많다는 사실이다. 따라서 언제나 금융의 연금술사들로부터 자신을 지켜야 한다. 지속적인 현금 흐름이 확보된 사람들에게서 나오는 안전과 기쁨은 누구나 감지할 수 있다. 그래서 금융 팩토리는 지속적인 현금 흐름의 기쁨을 모방한 나쁜 상품들을 만들어낸다. 그러한 상품에는 화려한 그림과 두꺼운 설명서가 따르기 마련이다. 하지만 현실을 모방할 수는 없다. 위험에 빠지지 않도록 조심해야 한다. 조금이라도 의심이 들면 'No'라고 말하라.

인생 즐기기

부는 뜨거운 태양 아래 놓인 아이스크림콘처럼 즐길 수 있는 시간이 제한되어 있다. 오래 기다릴수록 녹아내린다. 하지만 제대로 관리하는 법을 배우면 이야기가 달라진다. 안타깝게도 인생에서 무엇이 중요한지 알고, 자신에게 유리하게 부를 활용할 줄 아는 사람은 드물다. 깨달음과 지혜를 너무 늦게 얻는 경우가 많다.

부의 목적과 가능성을 완전히 이해하기는 힘들다. 그 이유는 돈이 과대평가되었기 때문이다. 일반적인 개념은 아니므로 쉽게 설명하겠다. 돈은 목적지, 목표, 임무가 없으면 아무것도 아니다.

크고 멋진 차고에 수십 년 동안 수작업으로 만든 명품 도구를 수집했다고 해보자. 도구란 도구는 전부 모였다. 렌치란 렌치는 종류별로 다 있고, 온갖 너트와 볼트는 물론 그에 맞는 나사도 갖추었다. 문제는 단 하나. 지금까지 아무것도 고쳐본 적이 없다는 것뿐이다. 그저 도구만 가지고 있을 뿐.

고칠 것이 없거나 달성해야 할 임무가 없으면 아무리 훌륭한 도구라도 무용지물이다. 하지만 그 도구를 제대로 활용한다면 정말로 가치 있는 것을 얻고 고치고 지킬 수 있다. 돈에 깃든 잠재력은 엄청나다. 그것은 아무리 똑똑한 사람도 속일 수 있다. 돈이 넘쳐나도 무인도에서 굶주리는 처지라면 아무런 소용이 없다. 필요한 것은 돈이 아니라 식량, 불, 은신처다. 필요한 것들을 살 수 있어야만 돈이 상황을 바로잡아줄 수 있다. 그러나 돈 자체는 식량도 아니고 불도 아니고 은신처도 아니다. 돈은 실제 가치를 가진 것들을 만드는 도구일 뿐이다.

고통스러운 이혼 절차가 끝난 후 300만 달러의 위자료를 받은 고객이 있다. 그녀는 이미 현금으로 구입한 집과 자동차가 있고 그 외 일회성 비용도 전부 해결된 상태였다. 그녀가 1년에 필요한 돈은 7만 5천 달러에서 8만 달러 정도였다. 엄청난 돈은 아니지만 그녀가 행복을 느끼기 위해 필요한 액수였다. 분석 결과 사회보장 연금을 받는 이후부터 연간 5만 6천 달러의 투자 수익만 올리면 된다는 사실이 드러났다.

꿈에 그리던 농장을 구입하고 그 외 일회성 지출을 마친 후 250

부자로 가는 경제학

만 달러가 남았다. 따라서 연간 2.5퍼센트의 수익을 올리면 되었다. 그러면 원금은 전혀 건드리지 않을 수 있었다. 그녀는 승리했다. 원하는 것을 전부 가졌으며 행복하다. 그것이 바로 진정한 자립이다.

자유의 가치는 헤아릴 수 없다. 자유는 금융 팩토리로부터 부유층 고객을 지켜준다. 계정의 잔고에만 집중하는 사이 꿈이 조용히 사라져버리게 만드는 금융 팩토리의 악행으로부터 지켜준다. 금융 팩토리는 부유층 고객의 입장에 적합하지 않은 목표를 추구하게 만든다. 만약 금융 팩토리가 보낸 헬리콥터가 부자 고객이 표류한 무인도를 발견한다면 식량과 의약품 대신 주식 시장 예측 분석이 담긴 가방을 떨어뜨리겠지. 금융 팩토리는 언제나 당신에게 필요 없는 것을 제공한다.

따라서 부자는 자립 포인트를 찾아야 한다. 무엇보다 자립 포인트의 개념을 확실하게 이해할 필요가 있다. 당신이 그 개념을 이해하지 못하도록 고용된 전문가들이 너무도 많기 때문이다.

자립 포인트의 목적은 현금 소득이 최소한의 위험만으로 현금 부족분을 커버할 수 있는지 파악하기 위함이다. 자주 살피고 관리해줘야 한다. 자립 포인트를 정확하게 계산하면 재정적 붕괴에 빠지지 않을 수 있다. 가능성이 아예 없는 것은 아니지만 드물다. 자립 포인트를 설정할 때 시뮬레이션이 가장 중요하다. 일어날 수 있는 나쁜 사건을 떠올리고 잠재적 위험을 시험해보는 것이다.

이처럼 당신의 계획을 외부의 심각한 타격에 노출시켜 보면 소중한 통찰이 생긴다. 그 통찰력은 자립 포인트에 해를 끼치는 일들을 막을 수 있다. 어떤 질문을 떠올리고 어떤 시나리오를 만들어야 하는지 아는 것이야말로 올바른 시뮬레이션의 핵심이다. 미래의 재앙을 상상해보면 자립 포인트가 지속될 가능성이 상당히 높아진다.

현금 소득원이 여럿 있고 빚이 없다면 이제 우산을 들고 밖으로 나갈 준비가 되었다. 여기서 '나간다'는 말이 중요하다. 언제나 가고 싶었던 산에도 오르고, 심해 다이빙도 하고, 어린 시절에 꿈꿨던 세계 여행도 한다. 밖으로 나가서 원하는 삶을 살아라! 재정적 자립을 잘 지켰기 때문에 그러한 모험이 가능한 것이다. 이제는 한두 차례, 아니 세 차례의 심한 파도가 몰려와도 배가 가라앉지 않을 것임을 알기에 마음껏 바다의 아름다움을 즐길 수 있다.

부자들은 인생을 즐기면서 사는 법을 좀 배워야 한다. 부는 두려움이 아니라 믿음을 주어야 한다. 이제 든든한 우산이 생겼으니 주식 시장에 투자도 하고 정말로 꿈꾸는 사업도 시작하라. 술집을 창업하고 RV 차량을 구입하고 전국 일주를 하고 레스토랑을 열

수도 있다. 무엇이든 당신이 행복해질 수 있는 일을 해라. 당신을 앞으로 계속 나아가게 하는 일을. 당신의 라이프스타일이 안정적이며 투자가 실패해도 일상을 바꾸지 않아도 되기 되므로 그 모든 것이 가능해진다. 그것이야말로 진정한 자립이다. 성공적인 투자에 필수적으로 따르는 시행착오에도 버틸 수 있다.

하나의 아이디어에 낭비하지 말아야 한다는 점만 기억하라. 위험한 투자는 단 한 푼도 건질 수 없다는 마음으로 접근해야 한다. 그래야만 무슨 일이 생겨도 침착할 수 있다. 아무것도 하지 않아도 될 때 무엇이든지 할 수 있는 힘이 생긴다.

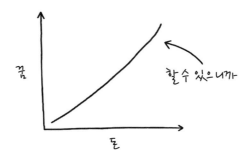

천하무적 부

부자가 될 수 있는 기회
는 흔하지 않다. 드문 기회니 만큼 현명하게 활용할 줄 알아야 한
다. 하지만 모든 돈이 똑같지는 않다. 약한 돈도 있고 강한 돈도
있다. 해마다 복권에 당첨되는 '행운아'들이 몇 명씩 나온다. 내가
행운아라고 강조하는 이유는 대부분의 복권 당첨자들이 돈을 손
에 넣자마자 잃기 때문이다.

복권 당첨자들이 잘못된 투자, 이혼, 파산, 죽음 같은 비극을 겪
는다는 일화적 증거는 너무도 많아서 거의 과학적인 증거라고 말

할 수 있을 정도다. 그들에게는 부를 지키기 위해서 꼭 필요한 경험과 절제 또는 제대로 된 금융 조언이 빠졌기 때문이다. 그것이 바로 약한 돈이다. 약한 돈은 오자마자 떠나버린다. 오히려 예전보다 나쁜 상황으로 만들어놓는다.

약한 돈은 다른 이들이 냄새를 맡을 수 있다. 가족은 물론 친구들이 매일같이 돈이 급하다고 사정한다. 주식 중개인들은 돈을 어디에 투자하라고 쉴 새 없이 조언한다. 약한 돈을 가진 이들은 이럴 때 쉽게 흔들려 결국은 후회하는 선택을 하고 만다.

하지만 당신의 돈은 약하지 않다. 당신의 부는 더욱 강해질 것이다. 아니, 천하무적이 될 것이다.

어떻게 해야 부를 강하게 만들 수 있을까? 부를 어떻게 지켜야 할까? 정답은 부의 근육을 강하게 키우는 것이다.

천하무적 부

천하무적 부는 자율적이며 스스로 지속 가능하다. 강력한 힘이 있을 뿐만 아니라 '영웅의 만족감'을 마음껏 느끼게 해줄 수도 있다. 간단히 말하자면 다른 사람들과 비교하지 않고 자신이 이룬 부에 만족한다는 뜻이다. 천하무적 부는 위험이 왜 수익보다 중요한지, 믿음이 왜 실패보다 앞서는지 알며 스스로를 지켜야 할 책임도 받아들인다.

천하무적 부에 대해 알아야 할 중요한 사실이 더 있다. 천하무적 부는 과거를 바꿀 수 없는 것처럼 미래를 예측할 수 없음을 잘 안다. 점쟁이와 주식 시장 애널리스트를 쌍둥이로 취급한다. 천하무적 부는 뚫을 수 없는 방패로 무장했으므로 글로벌 경제 위기의 변동성에도 흔들리지 않는다. 그 방패는 이 책에서 소개한 방식에 따라 만들어진다.

방패는 위험한 구조화채권과 경매 방식 채권 등 오직 당신과 당신의 부를 떨어뜨려 놓을 목적으로 만들어진 상품에 현혹되지 않도록 해준다. 달콤한 이야기에 넘어가지 않게 하고, 타인의 재산이나 생각, 열정에 현혹되지 않을 수 있도록 해준다.

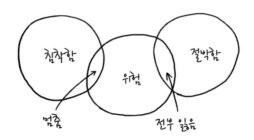

해로운 믿음은 감기처럼 전염성이 있다. 하지만 그 안에 담긴 진정한 위험은 겉으로 드러나지 않는다. 해로운 믿음은 멋진 이야기로 위장된 경우가 많다. 누구나 근사한 이야기를 믿고 싶어하는 경향이 있기에 쉽게 넘어가지 않는 연습을 해야 한다.

부자들에게 그 연습은 근력 운동이나 마찬가지다. 앞에서 말한 대로 지속적으로 연습하면 부의 근육을 단련시킬 수 있다. 절박한 상황일수록 멋진 이야기에 속아 넘어가 모든 것을 잃을 위험이 커진다. 하지만 침착할수록 수익을 올리고 손실을 줄일 수 있다.

금융 근육

금융 근육은 솔깃하지만 불필요한 투자를 거부할 수 있는 힘을 준다. 평화를 빼앗아가는 온갖 세금 감면 혜택에 매달려 스스로 인생을 복잡하게 만들지 않고 우선적으로 세금을 내도록 해준다. 또한 평생 살아갈 충분한 돈이 있는 데도 무리하게 투자하고 싶은 유혹을 물리치도록 해준다. 한마디로 독약처럼 해로운 조언을 피하게 해준다.

하지만 금융 근육을 키우는 방법은 분명하지 않다. 세상은 복잡한 문제에 간단하고 깔끔하게 정리된 해답을 주지 않기 때문이다. 그래서 현재에 최선을 다하며 살아야 한다. 불확실함과 편안한 관계를 맺어야만 현재에 충실할 수 있다.

금융 근육은 누구나 키울 수 있는데, 좋은 일이 일어나는 환경을 조성함으로써 길러진다. 금융 근육을 키움으로써 억지로 부를 강요할 수는 없지만 부가 성장하기 좋은 환경은 만들 수 있다.

금융 근육을 키울수록 자신에 대해 잘 알게 되고 나쁜 금융 습관도 알 수 있다. 자신에게 솔직해질 수 있다. 그리하여 기존 자산으로 확실한 라이프스타일을 구축할 수 있다. 자신을 알면 과도하게 투자할 마음이 생기지 않으므로 불필요한 위험을 무릅쓸 필요도 없다. 잘못된 방향으로 한 걸음 내딛으면 그리로 몇 걸음이나 더 가기 쉽다는 사실을 잘 알기 때문이다. 당신은 실수에서 깨달음을 얻는다. 그리고 자신과 가족, 미래, 꿈을 지키는 것이 가장 중요한 우선순위라는 것을 깨닫게 될 것이다.

나아갈 방향을 아는 것은 자신의 자립 포인트를 아는 것이기도 하다. 자립 포인트는 바로 결승점이다. 일단 그 지점을 지나면 다시는 지날 필요가 없다. 이 책의 주제는 이미 이긴 경주에서 다시 이길 이유가 전혀 없다는 것이다. 하지만 그러한 사고방식을 실천하려면 지지해줄 사람이 필요하다. 나는 고객들에게 투자 매니저

뿐만 아니라 코치가 되어준다. 올바른 길에서 벗어날 때마다 넛지를 해주는 일종의 다림줄 역할(건물을 세울 때 수직이 바로 되었는지 기준을 잡아주는 건축 용구-역주)인 셈이다. 금융 서비스 업계에는 수많은 계략이 경쟁하고 있어 혼자 힘으로 버티기는 쉽지 않다. 당신은 인생에서 가장 중요한 것을 알고 목적지를 파악한 다음에, 당신과 똑같은 방향을 바라보는 조언자를 만나야 한다.

올바른 질문

운전하는 도중에 길을 헤맨 적 있는 사람이라면 잘못된 질문이 잘못된 길로 이끈다는 사실을 알리라. 특히 미국 전역에는 이름이 비슷한 지역이 많은 데다 수없이 많은 거리와 도로가 헷갈리게 만든다. 따라서 방향을 물을 때는 정확성이 중요하다. 제대로 된 질문을 해야만 원하는 결과를 얻을 수 있다. 변호사들도 제대로 된 질문을 해야 재판에서 이기지 않던가. 부자의 입에서 나오는 가장 위험한 질문은 "어디에 투자해야 하죠?"다. 그 질문에는 절대로 "투자할 필요가 없습니다"라는 대답 따위는 돌아오지 않기 때문이다. 당신이 많은 시간과 생각을 쏟아야 할 질문은 이것이다.

"나에게 진정으로 필요한 것은 무엇이고, 그것을 위해 무릅쓸 수 있는 가장 작은 위험은 무엇인가?" 이렇게 올바른 질문을 떠올리는 것이 가장 위대한 투자다.

하지만 자산 관리에 관해 제대로 된 질문을 하는 사람들은 많지 않다. 좋은 결정은 좋은 질문에서 나옴을 명심해라. 좋은 질문이 만들어주는 틀 안에 문제를 쏟아부으면 오랜 시간에 걸쳐 보다 좋은 대답이 나올 수 있다. 그것은 생각의 패턴이자 틀이다. 매번 그림이 다를 수 있지만 통제력이 생기면서 무계획적인 행동이 줄어든다. 무계획적인 행동을 피할 때마다 당신의 부는 더욱 튼튼해진다.

가장 중요한 것에 집중하기

가장 중요한 것에 집중하면 금융 팩토리의 실체가 보인다. 추가적인 위험 없이 현재의 자산과 투자 수익만으로 매달 필요한 현금이 마련된다고 해보자. 당신에게 위험을 무릅쓰라고 제안하는 사람은 당신이 아니라 자기한테 중요한 목표에 집중하는 것이다. 자립 포인트는 당신의 재정 상태를 한눈에 보여준다. 따라서 제대로 된 것과 그렇지 않은 것이 단번에 보인다.

투자 기회는 지루한 법이 없다. 대부분 뜨거운 열정과 확고한 믿음으로 무장하고 모두를 끌어당기는 유혹적인 요소를 갖춘다. 당신은 감정을 길들이는 법을 배워야 한다. 투자에 관해서라면 오늘 해야만 하는 일을 내일로 미뤄라.

언젠가 내 아버지는 한밤중에 엄청나게 좋은 투자 기회가 있다는 전화를 받았다(나는 한밤중에는 투자 관련 결정을 하지 않는 것을 철칙으로 한다). 전화를 건 사람은 당장 꼭 만나야 한다고 주장했다. 부자를 더 부자로 만들어줄 투자 기회라면서. 아버지는 인근 술집으로 나가 에이즈 치료법에 대한 이야기를 들어야 했다. 그 치료법이란 환자의 몸에서 피를 전부 빼내 재가열한 후 정화해서 다시 수혈하는 것이었다. 아버지는 당연한 질문을 했다. "환자의 몸에서 피를 전부 빼내면 어떻게 살아 있을 수 있죠?" 그러자 깊은 침묵이 이어졌다. 그는 아버지의 돈을 원하는 것은 확실했지만 방법은 확실하지 않았다.

나도 '투자 기회'를 제안 받은 경험이 셀 수 없을 정도로 많다. 대부분은 언뜻 근사하게 들렸지만 깊이 생각해보면 그렇지 않았다. 확실한 투자로 결론 지어지는 경우는 소수에 불과하다. 그래서 항상 결정을 내리기 전에 마음을 가라앉히는 시간을 가진다. 어차피 서두를 필요가 없지 않은가?

잠깐만 시간을 가져보면 직관의 목소리가 들리고 들뜬 기분이 가라앉으며 얼른 기회를 잡으면 돈을 벌 수 있다는 생각도 하지 않게 된다. 일반 투자자보다 부자들에게 반드시 필요한 과정이다. 대부분의 투자자들은 돈을 지키는 것이 아니라 만들기 위해서 투자한다. 하지만 당신은 이미 돈이 있는데 굳이 위험을 무릅쓸 필요가 있는가?

언제나 이 질문을 떠올리고 꼼꼼하게 정확성을 되짚어본 다음에도 괜찮은 기회라고 생각된다면 투자를 해라. 준비된 다음에 결정을 내려야 한다는 것만 기억하라.

천하무적 부자

해리스 로젠Harris Rosen은 '성공한 사람의 표본'이라고 할 만하다. 그는 정체된 금융 서비스 분야의 신선한 바람과 같은 존재다. 그는 플로리다 주 올랜도에 본사를 둔 '로젠 호텔 앤 리조트'의 회장이자 최고운영책임자다. 센트럴 플로리다 대학교 산하의 호텔리어 양성 학교인 '로젠 칼리지 호스피탈리티 매니지먼트^{Rosen} College of Hospitality Management'도 그의 이름을 딴 것이다. 그는 코넬 대학교 호텔경영대학을 나왔으며, 3년 동안 군에 복무했고 버지니아 경영대학원을 졸업했다.

그는 뉴욕의 월도프 아스토리아 호텔에서 직장생활을 시작했다. 컨벤션 부문 담당자였다. 1971년까지 캘리포니아 디즈니와 올랜도 월트 디즈니 월드의 힐튼 호텔 매니저로 일했다. 그것만으로도 충분히 인상적인 경력의 소유자이지만 그를 소개하는 이유는 따로 있다. 해리스 로젠은 일단 부자가 된 후에는 또 부자가 될 필요가 없음을 잘 아는 사람이기 때문이다.

좀 더 자세히 설명하겠다.

그는 열정적이고 성실한 호텔리어였던 젊은 시절 멕시코 아카풀코에 있는 리조트의 매니저 자리를 제안받았다. 그는 당장 기회를 잡아 움직였다. 그가 멕시코에서 머무는 동안 새로운 대통령이 선출되면서 정계에 커다란 변화가 일어났고, 비즈니스에도 고스란히 여파가 닥쳤다. 멕시코 국적이 아니면 부동산의 50퍼센트 이상을 소유할 수 없도록 법이 바뀌었다.

멕시코 국적이 아닌 리조트 소유주의 지분이 49퍼센트로 떨어졌고 새로운 운영진은 로젠을 해고했다. 로젠은 커리어에 심각한 타격을 입었다. 그는 캘리포니아로 건너가 디즈니에 있는 호텔에서 일했다. 어느 날 상사가 그를 소집했다. 당시 호텔이 잘 운영되고 있었으므로 그는 칭찬을 들을 것이라고 생각했다. 그러나 정작 '디즈니 맨'이 될 수 없다는 말만 돌아왔다. 로젠은 또 해고되었다. 두 번째로 해고되던 날 그는 앞으로 길거리에서 아이스크림이나 핫도그, 빵을 파는 한이 있어도 절대로 남 밑에서 일하지 않겠다고 결심했다. 돌이켜보면 그 날은 로젠의 인생에 커다란 전환점이었다.

1970년대 중반에 석유 파동이 일어나면서 호텔 업계는 찬바람을 맞았다. 그 시기에 로젠은 생애 처음으로 자신의 호텔을 샀다. 관광객이 줄어든 상황이었으므로 다들 미친 짓이라고 만류했다. 일리 있는 말이었다. 투숙객 없는 호텔은 그저 어마어마한 빚덩어리에 불과하니까. 로젠은 이전에 다른 사람들의 호텔을 잘 경영해준 것처럼 자기의 호텔도 잘 해나갈 수 있을지 알고 싶었다. 은행에 있는 돈을 전부 털어 객실 256개 규모의 자그만 호텔 '퀄리티 인'을 인수했다. 만약 또 실패한다면 직원이 아니라 소유주로서 자신의 잘못이리라고 생각했다. 그는 훗날 코넬 대학교의 경영학도들과의 인터뷰에서 이렇게 말했다. "할 일이 하나도 없는 사업체를 소유하는 것만큼 우울한 일은 없다."

부자로 가는 경제학

로젠은 열정과 노력으로 여러 관광사와 계약을 맺고 일을 만들었다. 직접 발로 뛰어 명함을 돌리고 관광객들에게 직접 방값을 얼마나 내겠는지 물었다. 그들이 말한 금액을 명함 뒤에 적고는 "그 금액만 내시면 됩니다"라고 했다. 사람들은 올랜도에 오면 로젠의 명함을 내고 그 금액에 묵을 수 있었다. 로젠은 16년 동안 그 전략을 썼다.

그는 호텔방에서 살았다. 직접 조식을 요리하고 화장실 청소며 잔디 깎기, 침구 정리 등을 했다. 그에게는 그것이 바로 일이고 돈이었다. 거기에 모든 에너지를 쏟아부었다. 매년 조금씩 수익이 늘어나면서 호텔 주변의 작은 땅을 살 수 있었다. 투자를 하고 싶었지만 주식이나 채권은 잘 알지 못했다. 하지만 그가 잘 아는 것이 있었다. 바로 자기 자신이었다. 그는 자신이 사업을 위해 필요한 일이라면 기꺼이 할 수 있는 열정과 성실함을 가진 일꾼이라는 사실을 잘 알았다. 그래서 그는 자기 자신에게 투자했다.

현재 해리스 로젠의 개인 자산은 3억 달러가 넘는다. 그는 빚을 지지 않고 조금씩 땅을 사들여 올랜도에 400에이커가 넘는 상업지구를 소유하게 되었다. 그 땅에 다음과 같은 건물을 지었다.

레이크 부에나 비스타에 있는 640개 객실을 갖춘 콤포트 인, 810개 객실을 갖춘 로젠 호텔 앤 리조트 패밀리 로젠 플라자, 오렌지 카운티 컨벤션 센터 옆에 위치한 객실 수 1,334개의 로젠 센터 호텔, 객실 수 1,500개의 로젠 슁글 크리크 리조트와 골프장.

과연 어떻게 가능했을까? 그는 빚을 지지 않고 자신에게 투자했다. 빚 없이 사업체를 성장시키면 그만큼 자신을 위한 도피로가 넓어진다는 생각에서다. 그는 비즈니스를 가꾸고 성장시킬 수 있는 기회를 많이 만들고자 노력한다. 매달 대출금을 갚으라는 청구서 따위는 날아오지 않으니까.

그 단순하고도 강력한 신조 덕분에 해리스 로젠은 미국에서 가장 성공한 사업가 중 한 명이 될 수 있었다. 그는 지금도 여전히 오직 현금으로만 구입한다. 무일푼으로 퀄리티 인을 운영하면서 배운 단순한 직관이 그를 부자로 만들어주었다. 현재 로젠은 플로리다에서 가장 큰 개인 호텔 기업을 소유하고 있다. 빚에 대한 혐오는 그와 비즈니스를 계속 움직이고, 그의 부를 지켜주고, 그의 가족들이 앞으로도 즐겁고 편안하게 살 수 있도록 해줄 것이다. 그는 딱 한 번만 부자가 되었다.

이 책은 돈에 대한 관점을 바꿀 수 있는 기회를 주기 위해 쓰기 시작했다. 또 견고한 금융 시스템의 갑옷에 난 금을 가르쳐주고 고치는 방법도 일러준다. 이 문장을 읽는 순간 당신이 깨달았듯이 그 방법은 정해진 공식이 아니다. 포트폴리오 관리의 새로운 방식에 들어 있지도 않다. 오직 당신의 생각 속에 있다.

당신은 자신이 이룬 부를 가지고 어떻게 해야 하는지 이미 알고 있다. 인생이 이미 당신에게 가르쳐주었다. 문제는 억압적이고 모순적인 조언 속에서도 인생의 근본적인 가르침에 따르는 것이다. 진실과 전혀 거리가 먼 이야기를 그럴듯하게 꾸며놓는 조언자들을 피해서.

질 높은 선택을 해야만 삶의 질도 높아진다. 이것은 그 누구도 예외가 될 수 없는 기본적인 원리다. 거슬러 올라가 보면 지금 당신이 누리는 성공은 올바른 결정을 내린 누군가로부터 시작되었다. 지금까지 온 것은 순전한 운이었을 수도 있지만, 지금 이 자리에서의 결정과 행동은 전적으로 당신에게 달려 있다. 하지만 걱정할 것 없다. 좋은 결정이란 부모의 가르침만큼이나 단순한 것일 수도 있다. 세상에 거저는 없다.

이 책이 당신의 자산 관리를 위해 보다 나은 생각과 철학을 만들어주었기를 바란다. 이제 당신의 손에는 전형적이지 않은 철학이 담겨 있다. 당신의 열정을 중심으로 미래 계획을 세울 수 있다. 개인적인 행복을 찾으면 승리한 것이라고 말해주는 철학이다. 물론 상당한 반박이 따를 수도 있다. 금융 팩토리는 언제든지 그 힘을 무효화하려고 할 것이다. 그것을 염두에 두고 실제로 일어날 때마다 미소를 지어라.

새로운 아이디어를 받아들이려면 많은 시간이 걸린다. 오랜 믿음이 틀렸다는 것을 알고 싶은 사람은 없기 때문이다. 특히 이미 성공한 부자와 그들에게 조언해주는 재무설계사들은 그러하다. 바로 지금 당신에게는 해야만 하는 일을 전부 할 수 있는 힘과 지성이 있다. 그 사실이 너무도 새롭게 다가올지도 모른다. 우리는 매일 스스로 행복을 만드는 힘을 남에게 내어주라고 권하는 메시지 속에 둘러싸여 살기 때문이다. 현실을 받아들이는 것은 바꾸기 위한 첫걸음이 된다.

책을 시작하면서 이야기했듯이 부자가 되면 많은 것이 달라진다. 부자가 되고 싶은 사람들에게 주어지는 조언이 이미 부를 축적한 사람들에게 주어져서는 안 된다. 게임이 바뀌면 게임의 법칙도 바뀌어야 한다. 미식축구에서 퍼스트 쿼터의 각본대로 포스 쿼터를 지도하는 코치는 제 역할을 못하는 것이다. 포스 쿼터와 퍼스트 쿼터의 상황은 다르다. 적응하지 못하면 게임에서 진다. 부자들에게는 그들의 상황에 맞는 조언이 따라야 한다.

세계적인 펀드 회사 '브리지워터 어소시에이츠'의 창립자 레이 디알로^{Ray Dialo}는 '좋은 기분'이 아니라 '꿈'을 따라가는 것이야말로 돈 관리의 핵심 원칙이라고 믿는다. 디알로는 전자책 『원칙 Principles』에서 다음과 같은 등식을 내놓았다.

현실＋꿈＋의지 ＝ 성공하는 삶

단순하지만 무척 심오하게 요약된 관점이다. 당신은 자신들의 목표를 당신의 목표로 만들려는 금융 팩토리에 대항해야 한다. 꿈을 이루지 못하도록 방해하는 것들을 없애야만 가장 행복해질 수 있다. 마지막으로 당신은 자신이 가진 부를 이용해 꿈과 희망을 실현하겠다는 굳은 의지를 가져야 한다. 모든 잡음을 차단하고 진정으로 하고 싶은 일을 할 때 비로소 성공한 삶이 무엇인지 알게 된다.

행복은 각자의 책임이다. 당신도 나도 자신에게 깊은 행복을 주는 것들을 열심히 지켜야 한다. 설득력이 없는 것 같아 마음 깊은 곳에 숨겨놓은 진정한 꿈을 지켜야만 한다.

빠르게 돌아가는 현대 사회에서 사람들은 대부분 문제를 재빨리 해결해줄 정보를 갈망한다. 그래서 열정과 행복, 꿈에 대한 이야기는 진부하게 들릴 수도 있다. 그것들을 드러내기까지 너무나 오랜 시간이 걸릴 수 있다. 대부분의 경우는 오래전에 마음속에 묻었기 때문에 다시 파헤치기가 괴로울 수도 있다. 하지만 끝까지 열정을 찾으라고 말하고 싶다. 파헤쳐서 생명을 불어넣어라.

금융 팩토리는 아무런 목적지도 없이 우리를 성급하게 몰아세우기만 한다. 우리의 꿈과 욕망을 자기의 것으로 바꾸고, 다른 사람을 위해 만들어진 각본에 따르라고 강요한다.

이 책을 쓰기 시작하면서 몇 가지 어려움에 봉착했다.

첫째, 내가 몸담은 분야를 가차 없이 비판하기가 어려웠다. 둘째, 세계적인 금융 기업들을 직접적으로 지적하자니 약간 주눅이 들었다. 셋째, 과연 독자들이 귀 기울여줄지 걱정스러웠다. 하지만 그동안 똑똑하고 재능 넘치는 부자 고객들이 스스로 무너지는 모습을 지겹게 보아왔으므로 도저히 가만있을 수는 없었다. 보다 나은 방식이나 새로운 철학이 주어졌다면 많은 이들이 더 나은 결정을 할 수 있었으리라. 이 책이 그러한 역할을 할 수 있었으면 한다.

개인의 경험에 공명을 일으켜야 가장 좋은 조언이다. 개인적인 맥락이 전혀 없으면 책을 읽는다거나 청사진에 따라봤자 소용없다. 시간은 되돌릴 수 없다. 그것은 부유하거나 가난하거나 상관 없이 절대로 변하지 않는다. 시간 앞에서는 그 누구도 예외가 아니다. 따라서 시간이라는 제한된 자원을 제대로 활용하는 것이 매우 중요하다. 죽음을 앞둔 사람이 "투자 포트폴리오에 더 신경 쓸걸" 하고 후회하는 경우는 없다. 정말로 중요한 것은 총계정원장

(기업 회계상 모든 계정의 수입과 지출 등을 수록한 장부-역주)에서 찾을 수 없다. 원장 잔고를 인생에서 정말로 중요한 것을 찾는 데 써야 한다.

영화배우 케빈 코스트너^{Kevin Costner}는 이렇게 말했다.

"인생이 추락하기 시작할 때 가장 먼저 떠나보내게 되는 것이 꿈이다. 꿈은 절대로 놓쳐서는 안 된다. 꿈을 놓치면 당신도 함께 추락하기 때문이다. 망망대해에서 당신이 붙잡고 있는 나무 조각, 나는 그 나무판이 꿈과 똑같다고 생각한다."

당신이 정말로 나무 한 조각에 매달린 채 바다 한가운데에 있다고 생각해보라. 그 조그만 나무판이 당신의 꿈과 열정을 상징한다. 절대로 손에서 놓치지 마라.

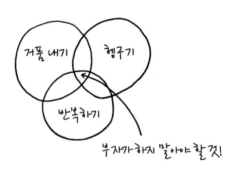

부자로 가는 경제학

블로그, 생각, 이야기

금융에 관한 가장 훌륭
한 통찰은 금융에 관한 이야기가 아니라 인생에 관한 이야기에 들
어 있다. 그래서 고객을 만났을 때 내가 가장 먼저 묻는 질문 또한
지금 행복한지, 당신의 꿈은 무엇인지에 관한 것들이다.

이 책에서 지면상 다 하지 못한 이야기는 나의 블로그 www.
holcombefinancial.com/blog에 풀어놓았다. 내 이야기뿐만 아
니라 당신과 같은 고민을 하는 많은 이들의 이야기를 만날 수 있
을 것이다.

행복을 미루지 마라

당신은 '전문가'들을 피할 수 없다. 전문가는 어디에나 있기 때문이다. 클라크 하워드, 수지 오먼, 데이브 램지 같은 전문가들이 TV나 라디오에서 부자가 되고픈 사람들에게 조언을 해준다. 대부분은 지금 저축하지 않으면 나중에 큰일 난다는 내용이다. 정말로 그럴까?

얼마 전 순자산 600만 달러를 보유한 고객을 만났다. 현금으로 100퍼센트를 투자하지 않는 한 평생 다 쓰지도 못할 돈이다. 그는 아무런 위험도 무릅쓰지 않고 모든 목표를 이룰 수 있다. 하지만 그는 부엌 리모델링에 들어가는 3만 달러를 걱정하고 있었다. 금리가 너무 낮아 투자 수익을 올리지 못하고 있기 때문이었다.

오해하지는 마라. 그는 근검절약하는 자세와 투자에서 실패하지 않은 덕분에 부자가 된 것이니까. 하지만 너무 두려움에 찬 나머지 인생을 전혀 즐기지 못하고 있다. 사방에서 들려오는 좋지 않은 사건이 그를 심각한 구두쇠로 만들었다.

부자가 된 이후에 지출은 위험이 아니다. 지금 가진 돈으로 더 많은 돈을 벌어야 한다는 생각에 주식에 투자하고 수익을 좇는 것이 위험이다. 둥근 구멍에 네모난 못을 박으려고 애쓰지 마라. 실직 중인 하청업자들이나 빈 호텔방, 하락하는 유로화 등을 활용하라. 무엇보다 인생을 즐겨라. 당신이 정당하게 얻은 자격이니까.

동굴에서 찾은 지혜

리처드 짐머만Richard Zimmerman은 93세에 양로원을 나와 히치하이킹을 해서 집으로 돌아갔다. 다른 사람들과 달리 그가 원하는 것은 소박했다. 많은 것이 필요하지도 않았다. 만약 많은 것이 주어져도 받지 않았을 터였다. 그는 94세에 편안하게 세상을 떠났다. 그것이 그가 원하는 것이었다. 자신이 지은 집에서 고양이, 강아지, 그리고 기타와 함께 홀로 죽는 것. 그는 가진 재산이라고는 없었지만 마음의 재산을 남겼다.

그를 이해하려면 제2차 세계대전으로 거슬러 올라가야 한다. 리처드는 명예롭게 군 복무를 끝마치고 미국으로 돌아왔다. 당시 쿠거 데이브Cougar Dave, 윌배로우 애니Wheelbarrow Annie, 비버 딕Beaver Dick처럼 소유에 대한 일반적인 관점을 용감하게 거부하고 소박하게 살아가는 사람들이 유명했다. 그러한 괴짜들 중 다수가 아이다 호의 동굴에 살았다. 훗날 '도그아웃 딕Dogout Dick'이라고 불리게 된 리처드 짐머만도 1947년에 동굴로 들어갔다. 그의 변화는 샐먼 강의 나무다리를 건널 때부터 시작되었다고 한다. 그는 다리 반대편에 이르러 산등성이에 있는 동굴에 임시 가옥을 지었다. 그리고 63년 동안 거기에서 살았다.

리처드처럼 동굴에서 혼자 산 사람들의 이야기를 들어본 적 있을 것이다. 하지만 그들이 어떤 사람들이고, 왜 그런 삶의 방식을 추구했는지 제대로 이해하려면 몇 가지 소유물을 잠시 내려놓을 필요가 있다. 아이팟이 돌아가고 휴대전화 진동이 울리고 온갖 기계에서 이메일 알림이 쏟아지는 가운데 삶의 평화와 소박함을 느끼기는 힘들다. 물론 그러한 상황도 나쁘지는 않다. 그러나 앞으로 나아가기 위해서는 뒤로 한 발 물러나야 할 때가 많다. 또는 다른 사람의 입장에서 한 걸음 걸어보거나.

짐머만은 미시건과 인디애나에 있는 농장에서 성장했다. 젊은 나이에 집을 나와 여러 직업으로 생계를 꾸렸다. 양치기나 벌목꾼 같은 직업은 절대로 그의 위신을 떨어뜨리지 않았다. 바깥세상은 빠르게 변하고 있었지만 그는 느리게 살아갔다. 그는 전화기나 TV를 가져본 적도 없었다. 그러한 것들이 필요하다고 생각해본 적도 없었다. 자신의 방식대로 살아가기로 했다.

그는 돈이 하나도 없는 사람치고 마케팅이 잘 이루어졌다. 그는 〈투나잇 쇼〉의 출연 요청을 거절했고, 그 후 『내셔널 지오그래 픽』이 그에 관한 여러 기사를 실었다. 돈에 관해 이야기하는 책에서 가난하게 살다간 남자에게 공간을 할애하는 이유가 무엇일까? 아주 간단하다. 그는 자신의 꿈을 좇았을 뿐만 아니라 붙잡은 사람이기 때문이다.

나는 '도그아웃 딕' 리처드 짐머만이 엘리트들보다 훨씬 진정한 삶을 살았다고 생각한다. 진정성은 소유와 전혀 상관없으며 존재와 상관있다. 행복한 부자도 있고, 가난하지만 행복한 사람도 있다. 오직 돈이 행복을 결정하지 않는다. 개인의 선택이 행복을 좌우한다.

지금까지 리스크, 투자, 의사 결정, 그리고 금융 팩토리에 대해 이야기했다. 이 책의 내용은 당신이 일반적인 경제 책에서 기대했던 바와 다를지도 모른다. 화려한 차트와 그래프, 티커 심볼(ticker symbol, 나스닥 시장에서 거래되는 기업들을 상징하는 약어-역주)이 가득한 책과 잡지가 전국 서점에 널려 있다. 나는 내 지성을 책에 담는 것이 아니라 당신의 지성에 호소하고 싶다. 금융업계는 리처드가 그렇게 산 이유를 별로 이해하는 것 같지 않다. 너무도 멋진 사실은 은행에 1천만 달러를 가진 부자라도 리처드처럼 살 수 있다는 것이다. 그것은 삶의 방식이다. 인생이 너무도 짧으며 기회의 문이 닫히고

217

있음을 깨닫는 것이다. 당신의 돈은 리처드에게는 동굴의 의미와 같았다. 그는 자신이 원하는 대로 동굴을 만들었다. 그의 동굴은 그에게 편안했고, 자신이 생각하는 이상적인 삶과 맞지 않는 물건이나 사람은 들여보내지 않았다.

외톨이들도 친구는 있다. 93세의 리처드가 건강이 악화되자 친구가 그를 양로원으로 옮겼다. 하지만 평소 리처드는 동굴 안에서 죽고 싶다고 입버릇처럼 말했다. 그는 쇠약한 몸으로 양로원을 나와 히치하이킹으로 동굴로 돌아갔고 거기에서 세상을 떠났다.

돈 한 푼 없는 그가 원하는 삶을 살 수 있었다면 돈을 가지고도 충분히 가능한 일이라니 얼마나 힘 나는 사실인가. 돈을 끝없이 움직이려고 하지 않아도 된다. 돈은 당신이 원하는 것들과 사람들로만 가득한 의미 있고 열정적인 삶을 만들어줄 수 있다. 꿈을 좇기만 하지 마라. 따라가 붙잡아라!

천생연분을 만났을 때

후회는 끊임없이 일을 만들어낸다. 절대로 당신을 쉽게 내버려두지 않는다. "~했어야 하는데"라고 생각하는 것은 마치 신발 속에 끝없이 잔소리하는 돌멩이를 가지고 다니는 것이나 마찬가지다. 지금 가진 최선의 정보로 결정을 내려라. 그리고 더 좋은 정보가 생기면 보다 좋은 결정을 내릴 수 있는 가능성을 열어둔다. 하지만 때로는 오래된 결정이 따뜻하고 편안하게 느껴지기도 한다. 1970년대 듀오 잉글랜드 댄England Dan과 존 포드 콜리John Ford Coley의 노래 가사가 생각난다. "천생연분이 나타났는데 난 이미 만나는 사람이 있으니 슬픈 일이야." 아이쿠, 이런!

지금 곁에 있는 사람이 함께 해서는 안 될 사람이라는 사실을 깨닫게 되는 딜레마다.

성장이 고통스러운 이유는 처음에는 실수하기 마련이기 때문이다. 하지만 당신의 미래가 꼭 그럴 필요가 없다. 시장도 변하고 사람도 변하고 무엇보다 당신도 변한다. 지금까지 단 한 번도 수면으로 드러나지 않았던 일이 필요해지기도 하므로 새로운 정보에 따라 새로운 결정을 해야 한다.

이 책은 자립 포인트를 강조하는 독특한 전략으로 당신이 더 많은 수익을 좇는 사냥을 멈추기 위해 필요한 금액을 알려준다. 이 단순한 전략이 강력한 이유는 기존의 개인 자산 관리 기업은 상상할 수 없을 만큼 고객 개인의 인생을 고려하기 때문이다. 나는 계획을 세울 때는 편집증이 가장 좋은 방식이라고 생각한다.

219

내가 자리에 앉자마자 어김없이 쏟아지는 질문이 있다.

"그렇다면 왜 거물들은 이 방법을 쓰지 않는 거죠?" (좋은 질문이다.)

모건 스탠리, 메릴 린치 같은 '거물'들은 그 누구보다 막대한 예산을 자랑한다. 그 예산으로 금융 광고를 통제하고 금융 미디어에 영향력을 행사한다.

그러나 최고의 조언은 대기업들 밖에서 찾을 수 있다. 거물들과의 이해관계에서 대립하는 부자들이 우리 회사처럼 소수로 움직이는 부티크형 기업을 찾는다. 개인 고객과 공동 주주들을 모두 만족시켜주기는 무척 힘들다. 고객들의 눈을 가려놓고 의존적으로 만드는 것이 유일한 방법이다.

나는 고객에게 배우고 이해할 수 있는 권한을 내어줄수록 파트너십이 튼튼해지고 자립 포인트로 빨리 다가갈 수 있다고 믿는다. 고객을 영원한 경제적 자립으로 이끌어주는 것이 재무설계사로서의 내 궁극적인 목표다. 더 이상 고객이 재무설계사를 필요로 하지 않게 된다고 해도 말이다. 기존의 금융 팩토리가 추구하는 바와 한참 어긋나지만 요즘 개인 고객들이 원하는 방식이다. 1970년대의 노래 가사를 인용해 당신에게 묻겠다.

당신은 천생연분의 재무설계사를 만났는가?

상상력과 창조력

당신은 언제, 어디에서 가장 좋은 아이디어를 얻는가? 샤워할 때? 해변에서? 일하는 도중에는 왜 좋은 생각이 떠오르지 않는지 의아한 적이 있는가?

그 이유는 창조적인 생각은 '상자 안에서' 최적으로 움직이지 않기 때문이다. 그 상자는 변하지 않는 공간이다. 창조성을 죽이고 평범함이 권력을 장악하는 강철로 된 좁은 공간이다. 마이클 J. 겔브Michael J. Gelb는 『레오나르도 다빈치처럼 생각하기How to Think Like Leonardo da Vinci』에서 창조성과 상상력을 계발할 수 있는 방법을 알려준다.

겔브는 다빈치에 관한 책을 쓰기 위해 이탈리아 피렌체로 떠났다. 다빈치가 걸었던 곳을 걷고, 앉았던 곳에 앉고, 먹었던 것을 먹으며 그가 남긴 기록을 연구했다. 그 결과 다빈치가 아무런 조건이나 규제 없이 자유롭게 생각할 수 있을 때 가장 뛰어난 능력을 발휘했음을 알게 되었다.

레오나르도 다빈치는 아무렇게나 생각나는 대로 메모를 남겼다. 어떤 페이지에는 사야 할 물건의 목록이 적혀 있고, 그 아래에는 몇몇 단어에 대한 정의가 있고, 그 옆에는 너무도 훌륭한 그림이 그려져 있으며, 그림 옆에는 뜻을 알 수 없도록 휘갈긴 글씨가 있었다.

사실 겔브는 '정리된' 아이디어라고는 몇 개밖에 찾을 수 없었다. 마치 다빈치의 역사적인 걸작들은 대혼란 속에서 탄생한 것처럼 보였다. 그럼에도 우리는 다빈치의 창의력에서 많은 것을 배울 수 있다. 하나도 단편적인 것이 없다. 그의 생각은 아무런 관계도 없어 보이는 생각들과 전부 이어져 있었다. 결과적으로 '상자' 안에서는 나올 수 없는 전설적인 창조물이 나올 수 있었다.

현대의 금융 시장에 효율적으로 대처하려면 엄청난 상상력과 창의력이 필요하다. '상자 안에서 벗어나 창조적으로 생각하기'는 기술이 아니라 필수 조건이다. 글로벌 경계가 서로 연결되어 있는 상황에서 기존의 재무설계는 상상력을 필요로 한다. 현대 사회에서는 상자 안에서 생각하는 일이 가장 위험한 투자다.

의도하지 않은 결과

남부 출신이라면 빠짐없이 빼곡하게 뻗은 괴상하게 생긴 넝쿨을 너무도 잘 알고 있으리라. 그것은 바로 칡이다. 일본 남부와 중국 동남부가 원산지인 칡은 1876년에 토양의 부식을 막기 위해 미국에 들어왔다. 남부에 있는 주에서는 칡의 무시무시함을 확실하게 확인할 수 있다.

농부들은 칡이 들어오자마자 커다란 골칫거리였던 토양 부식을 즉각 해결해주리라고 여겼다. 칡은 하루에 30센티미터나 자라며 뿌리가 깊이 퍼져나가고 토양에 든 질소 함량을 높여준다. 단기적으로 보면 누이 좋고 매부 좋고였다. 칡의 문제점은 하루아침에 드러나지 않았으므로 장기적인 이익만 보고 칡이 들불처럼 번져나가도록 내버려두었다.

수년이 흐른 뒤에야 의도하지 않은 결과가 분명하게 드러났다. 하루에 30센티미터나 자라는 것이라면 당신의 아군이어야만 한다. 그렇지 않으면 심각한 문제가 되고 만다. 칡은 자연적인 포식자가 존재하지 않아 박멸이 어려울 뿐 아니라 근처에 있는 식물들까지 전부 뒤덮어 죽여버렸다. 이제 남부에서는 칡이 없는 인생을 간절히 꿈꾸게 되었다.

부를 지키는 일을 칡에 비유하는 것이 약간 이상할 수도 있지만 금융 팩토리와의 싸움을 준비하려면 필수적으로 알아야 할 이야기다. 금융 팩토리는 단기적인 혜택을 토대로 한 상품을 팔아 돈을 번다. 칡의 경우와 마찬가지로 단기적인 장점만 강조하고 예기치 않은 결과가 드러나기 전에 상품을 널리 급속하게 퍼뜨린다.

구조화채권, 경매방식채권, 헤지펀드, 지수연동형연금을 떠올려보면 투자가 칡과 똑같다는 사실을 이미 알 수 있다. 이미 사방에 퍼진 후에야 부작용이 분명해진다. 그리고 해로운 금융 상품은 칡과 마찬가지로 일단 당신의 포트폴리오에 자리 잡은 후에는 쉽게 사라지지 않는다. 당신이 전부 제거해버리지 않는 한.

재무설계와 조종사, 수익

지난 몇 년 동안 놀랄 만한 일이 잔뜩 일어났다. 바로 눈앞에서 너무나 많은 것들이 변했다. 그와 함께 금융 전문가들의 실체도 어느 정도 드러났다.

천편일률적인 재무설계 방식은 영원히 사라졌다. 최고의 재무설계사는 불확실성에 대처할 수 있도록 도와주는 사람이다. 불확실함에 대한 솔직한 대화는 화려한 차트나 위안을 주는 분산 투자 이론에서 찾아볼 수 없는 질문을 제시한다.

가장 유능한 재무설계사는 고객이 훈련 연습을 실시할 수 있도록 도와준다.

여기에서 '훈련'이라는 말을 쓴 이유는 최고의 의사 결정자일수록 실행 이전에 머릿속으로 다양한 시나리오를 시뮬레이션하기 때문이다. 나쁜 상황의 잠재적 위험을 시험하는 것이 필수적인 훈련이다. 한 번 생각해보라. A점에서 B점으로 가는 비행기를 탈 때 당신은 고도의 훈련을 받은 뛰어난 조종사들로 유명한 항공사를 선택한다. 그래야 마음이 편안해지는 이유는 그들이 순조롭게 운항할 수 있는 훈련을 받았기 때문이 아니다. 난기류에 대처할 수 있는 훈련을 받았기 때문이다.

이론적으로 비행기가 고르지 않은 하늘을 지날 때 누구든지 조종간을 똑바로 잡고 있을 수 있다. 그러나 폭풍이 닥치면 확실한 계획(훈련)을 가진 사람만이 당신을 땅 위로 무사히 데려다줄 수 있다. 그들은 위험이 닥치기 전에 미리 그러한 상황을 훈련했기 때문에 보다 높은 생존 기회를 만들 수 있다. 그것이 그들의 진정한 가치다.

자, 그렇다면 당신의 금융 미래를 이끌어가는 조종사는 누구인가? 누가 계획을 세우는가? 누가 당신의 수익을 보호해줄 것인가? 그들은 재앙의 기회를 줄여주는가, 아니면 위험 가능성을 높이는가?

철저한 심적 시뮬레이션을 거친 사람은 며칠, 몇 달, 몇 년의 시간이 지나면서 보상을 받게 된다. 이제 당신의 재무설계사와 재무설계서를 다시 돌아보고 다음 폭풍이 닥치기 전에 변화를 준비해야 할 때다.

재무설계사와 의사

최근에 건강 상태가 좋아서 의사를 찾아간 적이 있는가? 어디가 불편하거나 고통스럽다거나 또는 조금이라도 아픈 느낌이 있어야만 우선적으로 의사를 찾아가게 된다.

정상적인 상태는 행동을 발생시키지 않는다.

재무설계사와 의사는 그러한 점에서 비슷하다. 둘 다 일이 잘못되었을 때 고객을 맞이하게 된다. 고객들은 돈을 날리지 않았을 때나 그저 안부 인사나 하려고 나를 찾아오지 않는다. 덕분에 나는 불행하고 실망에 가득차고 환상에서 막 깨어난 사람들을 매일 본다. 하지만 이제 사람들이 변하고 있다. 예방 의학의 발달처럼 금융 관련 재앙을 회복하는 것이 애초에 재앙을 막는 것으로 그 변화가 이루어지고 있다. 가장 좋은 장기 투자는 자신의 오랜 행복에 투자하는 것임을 사람들이 깨달은 것이다.

물론 그러한 사고방식이 널리 퍼지려면 시간이 걸릴 것이다. 금융 팩토리는 불분명한 미사여구를 잔뜩 사용하여 상식적인 대답이 막히거나 간과되도록 모든 것을 쓸데없이 복잡하게 만든다.

신체 건강처럼 금융 건강도 예방 보전으로 지킬 수 있다. 건강한 금융 생활은 행운이나 상속의 문제가 아니다. 보다 나은 정보와 사고방식을 따르는 용기가 있어야 한다.

감사해야 할 사람들이 너무 많다. 우선 어린 시절부터 까다로웠던 나를 인내로 키워주신 부모님에게 감사드린다. 두 분 덕분에 내가 이 자리에 있을 수 있다. 부모님이 계셨기에 실수를 두려워하지 않을 수 있었다.

대학시절 은사님이신 렉스 톰슨Rex Thompson 교수님, 지금도 날 뽑아주신 이유를 모르겠다. 내 성적은 그다지 특별하지 않았지만 교수님의 통찰력만은 특별했다. 교수님이 나눠주신 경험과 SMU

의 기부금 관리 프로그램을 통해 만난 자산 관리 매니저들은 내 인생의 여정을 위한 초석이 되어주었다.

20년 동안 새로운 생각의 바다로 나갈 수 있도록 도와준 디멘셔널 펀드 어드바이저Dimensional Fund Advisors의 댄 윌러Dan Wheeler와 데이브 버틀러Dave Butler에게 감사하다. 그리고 과거와 현재의 내 고객들에게 무한 감사를 보낸다. 그동안 고객들과 함께 나누었던 대화는 이루 헤아릴 수 없을 만큼 소중하다. 그 덕분에 나는 행복과 어려움, 가족, 꿈에 대해 많은 것을 배울 수 있었다. 감사드린다.

4년 동안 내 고충을 곁에서 지켜봐주고 위대한 기업가들과 함께 할 수 있도록 도와준 제임스 베테아James Bethea에게 감사한다. 제임스를 통해 그레그 알렉산더Greg Alexander, 에릭 스위니Eric Sweeney, 마일스 영Miles Young, 데이비드 레프코비츠David Lefkovits, 프랭크 미어튼스Frank Meertens, 제임스 힐James Hill을 만났고 이 책을 쓰는 동안 통찰력 넘치는 넛지를 얻을 수 있었다.

자신의 경험으로 이 책의 초반 작업에서 어려웠던 문제에 대한 답을 준 듀윗 제임스Dewitt Jones에게 감사하다. 금융 팩토리에 직접 저항한 경험담을 들려준 팻 새들러Pat Sadler, 이 책의 초고를 가지고 의미 있는 작업을 해준 편집자 애론 히어홀저Aaron Hierholzer, 내 경험을 이야기로 만드는 작업을 3년 동안 함께 해준 데니스 로스 3세Dennis Ross III에게 감사한다.

또한 세상의 여러 저자들에게도 깊은 감사의 마음을 전한다. 그들이 쓴 책이 없었다면 이 책은 세상에 나오지 못했을 것이다.

말콤 글래드웰, 나심 탈레브, 세스 고딘Seth Godin, 찰스 맥케이Charles MacKay, 제임스 서로위키James Surowiecki, 대니얼 핑크, 게리 클라인Gary Klein, 칩 히스Chip Health와 댄 히스Dan Heath, 조너선 하이트, 오스틴 하위, 팀 페리스Tim Ferris, 카 레이놀즈Carr Reynolds, 낸시 두아르테Nancy Duarte, 샐리 호그스헤드Sally Hogshead, 프랭크 파노이, 로저 로웬스타인Roger Lowenstein, 고든 리빙스턴, 데니스 프레이저Dennis Prager, 제이슨 프라이드Jason Fried, 데이비드 하이네마이어 핸슨David Heinemeier Hansson, 리처드 허드슨Richard Hudson, 베노이트 만델브로트Benoit Mandelbrot, 폴 캐럴Paul Carrol, 춘카 무이Chunka Mui, 미하이 칙센트미하이Mihaly Csikszentmihalyi, 조나 레러Jonah Lehrer, 리처드 탈러Richard Thaler, 캐스 선스타인Cass Sunstein, 배리 슈워츠Barry Schwartz, 댄 가드너Dan Gardner, 사이먼 시넥Simon

부자로 가는 경제학

Sinek, 대니얼 길버트Daniel Gilbert, 오리 브래프먼Ori Brafman과 롬 브래프먼Rom Brafman, 로버트 마우어Robert Maurer, 휴 매시Hue Massie, 마이클 루이스Michael Lewis, 마이클 겔브. 그 밖에도 이 책에 영향을 준 저자들이 많다.

언제나 사랑과 지지를 보내주는 타냐 쿨먼Tanya Kuhlman에게도 감사한다.

부자로 가는 경제학 (원제 : You Should Only Have To Get Rich Once)

1판 1쇄 2014년 4월 15일

지 은 이 러셀 E. 홀콤
옮 긴 이 정지현

발 행 인 주정관
발 행 처 북스토리
주 행 소 경기도 부천시 원미구 상3동 529-2 한국만화영상진흥원 311호
대표전화 032-325-5281
팩시밀리 032-323-5283
출판등록 1999년 8월 18일 (제22-1610호)
홈페이지 www.ebookstory.co.kr
이 메 일 bookstory@naver.com

ISBN 979-11-5564-016-6 03320

※잘못된 책은 바꾸어드립니다.

이 도서의 국립중앙도서관 출판시도서목록(CIP)은 e-CIP홈페이지(http://www.nl.go.kr/ecip)와
국가자료공동목록시스템(http://www.nl.go.kr/kolisnet)에서 이용하실 수 있습니다.
(CIP제어번호 : CIP2014008372)